아주 오래된 편집 매뉴얼

엄윤숙

엄윤숙

'글'이란 삶의 길목마다 만나게 되는 것들에 의미를 묻고 가치를 캐는 일이라 믿는다. 앞으로도 계속 읽고 쓰며 살아내는 사람이길 소망한다.

우리고전을 많은 사람들이 즐길 수 있기를 바란다. 누구나 약간의 호기심과 조금의 성실함만으로도 우리고전을 읽을 수 있다고 생각한다. 그것을 바탕으로 사유의 영역을 넓히고 자신만의 기록을 남길 수 있기를 희망한다.

『조선 지식인의 독서노트』『조선 지식인의 글쓰기노트』『조선 지식인의 말하기노트』『조선 지식인의 비평노트』『조선 지식인의 아름다운 문장』『어린이를 위한 조선 지식인의 독서노트』『어린이를 위한 조선 지식인의 글쓰기노트』『어린이를 위한 조선 지식인의 말하기노트』『부산을 걷다 놀다 빠지다』『바람난 미술』『부모의 거짓말』『책만큼은 버릴 수 없는 선비 - 이덕무 선생님의 이야기보따리』『이덕무의 열상방언 - 우리가 몰랐던 속담 이야기 99』『독서의 이름 - 우리가 몰랐던 독서법 125』등의 책을 썼다.

이메일 rrleom@hanmail.net
인스타그램 @eomyu_nsuk

사유와기록연구소

우리고전을 공부하고 연구하는 사람들의 모임이다. 한국고전 강연, 한국고전 글쓰기, 한국고전 출판 등의 활동을 하고 있다. 우리고전을 읽는 즐거움을 함께 누리고, 함께 사유하고, 함께 기록하고자 한다.

아주 오래된 편집 매뉴얼 우리가 몰랐던 책 만들기의 역사

발행일 2025년 3월 17일 (1판 1쇄)

지은이 엄윤숙
발행인 유현종

편 집 사유와기록연구소

발행처 포럼
신 고 2003년 11월 27일 (제406-2003-000400호)
주 소 경기도 파주시 회동길 480, 파주출판도시 아트팩토리 NJF, A동 223호
전 화 02-337-3767
팩 스 02-337-3731
이메일 forumpubl@naver.com

ⓒ 엄윤숙, 2025
ISBN 979-11-94118-01-5 (03810)

▎**사유와기록**은 출판사 포럼의 임프린트입니다.

이 책은 저작권법에 따라 보호받는 저작물이므로 무단 전재와 복제를 금하며,
이 책의 전부 또는 일부를 이용하려면 반드시 저작권자와 포럼의 동의를 받아야 합니다.

▎**책값은 뒤표지에 있습니다.**
▎**잘못된 책은 바꾸어 드립니다.**

아주 오래된 편집 매뉴얼

일러두기

1. 이 책은 우리고전을 '편집'이라는 키워드로 읽어낸 것이다.
2. 고전 인용문은 '한국고전번역원'의 번역문과 원문 및 원문 이미지 자료를 활용하였다.
3. 고전을 단선적으로 번역해서는 그 뜻을 제대로 전달하기 어렵다고 판단하여, 형식과 기본 내용은 유지하되 독자들이 읽기 쉽도록 다듬어 고쳐 썼다.
4. 홍길주의 글은 『19세기 조선 지식인의 생각창고 - 홍길주 수여방필 4부작』(정민 외 옮김)에서 재인용하였으며, 그 번역문과 원문을 바탕으로 다듬어 고쳐 썼다.
5. 유만주의 글은 『일기를 쓰다 - 흠영 선집』(김하라 편역)에서 재인용하였으며, 그 번역문을 바탕으로 다듬어 고쳐 썼다.
6. 고전 인용문의 출전을 밝히면서 저자와 원제를 소개하였다. 서명은 『 』로, 편명은 「 」로 표시하였다. 예) 이덕무 「청장관전서」 「책장이 가볍고 엷은 것[冊葉輕薄]」
7. 본문의 한자는 독자들의 이해를 돕는 정도로 한정해서 사용하였다.

'이미' 있었지만 '아직' 없었던 것을 만들어내는 일이 '편집(編輯)'이다.

머리말

'편집'이란 모든 사람에게 필요한 능력이다

'편집(編輯)', '편(編)'은 엮고, 짓고, 얽고, 매고, 만드는 것을, '집(輯)'은 모으고, 합치고, 화목한 것을 뜻한다. '편집'은 어떤 특정한 기준에 따라 모아서 묶어내는 일을 말한다.

우리는 평생 무엇을 얼마나 먹을 것인지, 누구와 어떻게 관계할 것인지, 어디서 어떤 모습으로 살아갈 것인지를 고민하고 생각해야만 한다. 이 과정에서 늘 나름의 기준으로 선택하고 집중하고, 구분하고 삭제하고, 배열하고 조직할 것인지를 결정하고 실행해왔다. 삶의 모든 순간이 '편집 과정'인 것이다. 만약 인류에게 이런 '편집 능력'이 없었다면, 우리는 생존 자체가 불가능한 존재였을 것이다. 편집은 인류가 살아온 그 모든 시간과 공간에서 중요한 역할을 해왔다. 사람은 누구나 자신이 살아갈 세상을 편집하고자 한다. 사람은 누구나 자신의 필요에 따라 편집하고 재구성한 세계 속에서 살아간다.

'이미' 있었지만 '아직' 없었던 것을 만들어내는 일이 '편집(編輯)'이다. 이미 우리 곁에 있었지만, 연결시키거나 없애버리거나 변형시

킬 수 없어서 아직 감각할 수 없었던 것을 경험 가능한 '그 무엇'으로 만들어내는 사람이 '편집자(編輯者)'다. 우리는 편집을 통해 만들어진 '그 무엇'을 사용하고 경험하고, 그것을 이용해서 사고하고 기억하고, 그것과 더불어 일하고 사랑하며 살아간다.

내가 가장 먼저 떠올리고 가장 많이 사랑하고 가장 깊이 연모하는 '그 무엇'은 바로 '책'이다. 그리고 그 책을 편집하고 만들어내는 사람은 바로 '출판 편집자'다. 『아주 오래된 편집 매뉴얼』은 글, 책, 출판과 긴밀한 관계를 맺는 '편집'과 '편집자'에 대한 이야기다.

책이 만들어지는 과정, 글이 책이 되는 과정, 글이 우리의 성격이 되고 생각이 되고 정서가 되고 감각이 되고 상식이 되는 과정, 우리의 말과 글과 생각이 책이 되어 다음 세대에게 이어지고 다른 사람들과 공유하는 모든 과정과 절차와 핵심에 '편집'이 스며들어 있고, 그 최전선에 '편집자'가 있다.

노련하고 솜씨 좋은 장인이 집을 지을 때 먹줄과 자(尺)가 필요하듯, 편집자가 책을 만들 때도 준칙과 지침이 되는 '편집 매뉴얼'이 필요하다. 『아주 오래된 편집 매뉴얼』은 생생한 오늘을 살고 그 삶을 온전히 책에 담고자 하는 편집자를 위한 '매뉴얼'을 우리고전에서 찾아 모은 것이다.

편집 매뉴얼과 고전의 만남은 낯설다. 하지만 일상으로 우리고전을 읽던 나에게 고전에서 편집의 구체와 본질을 찾는 물음은 너무나 자연스러웠다. 그 누구보다 책을 사랑하고 열정적으로 책을 만들었던 조선 지식인들이 남긴 '편집'에 대한 글을 읽었다. 그들이 편집에 대해 가졌던 생각과 태도를 찾아 읽었다. 그 속에는 지금 우리, 이 시대의 '편집 매뉴얼'이라 해도 전혀 손색없는 구체적이면서도 철저하고 완벽한 편집 기준이 있었다. 우리고전에서의 '편집'은 지금과 많이 다르면서도 근본적으로는 같다. 당연히 편집자나 저자 혹은 출판이나 독자라는 개념도 지금의 그것들과는 범위와 쓰임이 달랐다. 그러나 그들이 텍스트를 다루고 텍스트에 지독히 집중하고 편집에 대해 고민하고, 그 안에서 울고 웃는 사람이었다는 점에서는 지금의 우리들과 한 치의 오차도 없이 꼭 들어맞는다.

옛사람들이 책과 대면하는 장면은 다채롭고 종합적이었다. 조선 지식인들은 책을 저술하는 저자였고, 책을 교정하고 편집하는 편집자였고, 책을 비평하는 평론가였고, 책을 읽는 독자였고, 책을 베껴 쓰는 필사인이었고, 책을 소장하는 장서가였고, 책을 간행하는 출판인이었다. 오늘날에는 편집자(editor), 작가(writer), 디자이너(designer) 등으

머리말

로 그 기능과 역할이 세분화되면서 더욱 전문화되는 길을 걷고 있다면, 조선 지식인들의 경우에는 책과 함께하는 삶 속에서 그 가치와 의미를 통합적으로 추구했다.

『아주 오래된 편집 매뉴얼』을 작업하면서 겹겹의 두려움이 파도처럼 밀려왔다. 겁도 없이 '편집 매뉴얼'이라는 키워드를 내세웠으니, 어떤 흠결도 없어야 할 것만 같아 몹시 두려웠다. 그러나 글을 쓰고 편집하고 책을 내는 작업들 곳곳에 스민 두려움에 대해 이야기하는 것이 이 책의 가장 큰 매력이자 특징이라고 생각하기에, 때때로 두려움을 품고 또 때때로 두려움을 잊고 책을 만들었다.

조선 지식인 홍대용(洪大容 1731~1783)은 중국의 문인들과 교류하면서 우리나라의 시를 보여달라는 요청을 받았다. 그러나 소개할만한 마땅한 책이 없어 직접 가려 뽑아 『해동시선』을 만들었다. 그는 「해동시선발(海東詩選跋)」에서 '기한이 급박하므로 세심히 탈고할 겨를이 없었다. 어찌 바다에 구슬을 빠뜨렸다[遺珠]거나, 분수없이 피리를 분다[濫竽]는 비방이 없기를 바라겠는가? 하지만 우리나라 시의 처음과 끝은 대략 여기에 갖추어졌다.'라고 말했다. 그러면서 앞으로 눈 밝은 사람이 더 좋은 것을 만들어달라고 당부했다. '유주(遺珠)'는 소중한 구슬을 잃는다는 뜻으로, 빼어난 시문을 빠뜨리고 소개하지 못하는 잘못을 말한다. '남우(濫竽)'는 피리를 불 줄도 모르면서 전문 악사들 속에 끼어 있다는 뜻으로, 무능한 사람이 실력 있는 체하는 잘못을 말한다. 지금 나의 마음도 홍대용과 같다.

『아주 오래된 편집 매뉴얼』은 우리고전에서 '편집'이라는 키워드로 가려 뽑은 글들을 모은 책이다. 가려 뽑는다는 것은 즐겁지만 괴로운 일이다. 무엇을 넣고 무엇을 뺄 것인가? 수많은 글을 읽고, 넣고 빼기를 반복했다. '뽑는다[選]'는 것은 가혹하다. 좋은 글이지만 주제가 겹치는 것은 뺐다. 좋은 글인 것 같지만 나의 공부가 부족해 도통 무슨 말인지 잘 모르겠는 것도 뺐다. 멋진 글이지만 동일한 저자의 글을 너무 편중해서 실을 수가 없어서도 뺐다. 기타 등등 빼야 할 이유가 많았다. 하지만 넣고 싶은 글 또한 차고 넘쳤기에 고민은 더욱 깊어졌다. 그러나 나는 가려 뽑기 위해 최선을 다했다.

고전의 가장 큰 장점이자 가장 큰 단점은 감당할 수 없이 방대하고 방대한 양이다. 그 누구도 쉽사리 다가갈 수 없다. 특히 전문가나 학자가 아닌 일반 독자의 입장에서는 거의 공포에 가까운 양이다. 그래서 누군가는 가려 뽑아 보여주어야 하는데, 내가 가려 뽑아 보기로 했다.

머리말

그것이 나의 무식과 무지, 오해와 편견을 그대로 나타낸다고 하더라도 할 수 없다. 그래서 나는 편집이라는 것에 더욱더 관심을 가지게 되었다. 도대체 '뽑는다[選]'는 것은 무엇인지, 그래서 그게 뭐 어떻다는 것인지, 그래서 결국 내가 감히 해도 되는 일인지 알고 싶었다.

지금은 주로 글을 쓰는 사람으로 살아가고 있지만, 나에게도 짧지 않은 기간 동안 편집자라는 이름으로 글을 매만지고 책을 엮었던 숨 가쁜 시간이 있었다. 그때의 쓰고 단 온갖 기억과 감각들이 이 책 곳곳에 스며들어 있다. 『아주 오래된 편집 매뉴얼』을 준비하고 만들어나가는 모든 과정은 작가로서의 '나'와 편집자로서의 '나'의 모습이 서로 혼재되고 직조되는 흥미로운 순간순간이었다.

『아주 오래된 편집 매뉴얼』을 쓰면서 지난날 내가 만났던 편집자, 지금 나와 마주한 편집자의 얼굴이 떠올랐다. 그들은 책과 편집에 대한 근원적인 질문을 품은 편집자, 책과 세상을 향한 관찰과 통찰을 멈추지 않는 편집자들이었다. 이 책의 목차와 항목 대부분은 녹록지 않은 편집 현장에서 늘 최선의 답을 찾기 위해 애썼던 그들의 노고에 무한한 경의와 존경을 표한 것이기도 하다.

『아주 오래된 편집 매뉴얼』은 '편집'이 얼마나 즐겁고도 힘겨운 일인지 공감하는 사람들, 책이 세상에 나오기까지 늘 고심하고 고생하는 사람들을 위한 책이다. 편집 감각은 편집자, 기획자, 발행인, 디자이너뿐만 아니라, 작가, 번역자, 독자 등 책을 둘러싼 모든 사람들이 가져야 할 기본 소양이다. 이 책이 글을 사랑하고, 편집을 사랑하고, 책을 사랑하는 사람들에게 자신의 마음 안팎을 살피는 작은 실마리가 되었으면 좋겠다.

알 수 없는 것에 대한 무한한 두려움과 조금 알아낸 것에 대한 소소한 기쁨의 교차점에 『아주 오래된 편집 매뉴얼』이 있다.

엄윤숙

목차

머리말 — 6

01 편집은 '악비(堊鼻)'다 — 16
02 편집은 제목을 결정하는 것이다 — 20
03 편집 회의는 심히 즐거운 일이다 — 24
04 편집(編輯)은 편집증(偏執症)적이다 — 30
05 편집은 새겨 넣는 일이다 — 34
06 편집은 친절함이다 — 38
07 편집은 두려움이다 — 42
08 편집은 매 맞을 각오를 하는 것이다 — 46
09 편집은 기꺼이 만만해지는 것이다 — 50
10 편집은 거짓으로 꾸미는 것이 아니다 — 54
11 편집은 집값을 오르게 한다 — 58
12 편집은 선본(善本)을 만드는 일이다 — 62
13 편집은 깊이 사모하는 일이다 — 66
14 편집은 근근간간함이다 — 70
15 편집은 모으는 것이다 — 76
16 편집은 때를 아는 것이다 — 80
17 편집은 사소한 것에 목숨 거는 일이다 — 86
18 편집은 중용(中庸)을 지키는 것이다 — 90
19 편집은 새로 고침이다 — 94
20 편집은 '이미'가 아니라 '아직'의 이야기다 — 98
21 편집은 '만약 나라면'을 생각하는 것이다 — 102
22 편집은 세 가지 기쁨을 얻을 수 있는 기회다 — 106
23 편집은 분량을 정하는 것이다 — 110
24 편집은 책의 물성을 부여하는 일이다 — 114

25 편집은 한 글자에 벌벌 떠는 것이다 — 120
26 편집은 자연스러운 아름다움을 추구하는 것이다 — 124
27 편집은 '사반공배(事半功倍)'하는 것이다 — 130
28 편집은 그리움이다 — 134
29 편집은 권력이다 — 140
30 편집은 부끄러움을 아는 것이다 — 144
31 편집은 꿰맨 자국 없이 매끄러운 것이다 — 148
32 편집은 부탁하는 것이다 — 152
33 편집은 먼지를 쓸어내는 것과 같다 — 158
34 편집은 살려내는 일이다 — 162
35 편집은 떡, 죽, 엿을 만드는 일과 같다 — 168
36 편집은 볼 수도 없고 안 볼 수도 없는 사람을 위한 것이다 — 172
37 편집은 이 책이 종이 낭비가 아닌지 묻는 것이다 — 178
38 편집은 아끼는 것이다 — 182
39 편집은 꼼꼼함이다 — 186
40 편집은 남다른 눈을 갖는 것이다 — 190
41 편집은 절제다 — 194
42 편집은 신맛은 더욱 시게, 단맛은 더욱 달게 만드는 것이다 — 198
43 편집은 목마름이다 — 204
44 편집은 일관성을 갖는 것이다 — 208
45 편집은 그물에 걸린 기러기도 놓치지 않는 것이다 — 212
46 편집은 책으로 평가받는 것이다 — 216
47 편집은 스스로를 믿는 일이다 — 220
48 편집은 독자가 완성한다 — 224

인물 정보 — 228   문헌 정보 — 240

편집은
'악비(堊鼻)'다

이만도(李晚燾 1842~1910)는 조선시대의 문신·학자다. 자는 관필(觀必), 호는 향산(響山)이다. 퇴계 이황의 후손이며, 1910년 우리나라가 일본에 강제 병탄을 당했다는 소식을 듣고 단식 끝에 순국한 애국지사다. 「김응유에게 답하다[答金應由]」는 이만도가 1898년에 동갑인 벗 김휘철에게 쓴 편지다. 응유는 김휘철의 자(字)이다. 자신의 원고를 꼼꼼히 살피고 지적해준 김휘철에게 고마운 마음을 전했다.

아주 오래된 편집 매뉴얼 01

    이 글은 이만도가 「김응유에게 답하다」에서 친구 김휘철의 솜씨를 믿기에 악비를 부탁했다는 것에 대해 쓴 것이다. '악비(堊鼻)'는 도끼를 휘둘러 코에 묻은 흙을 깎아내는 절묘한 기술로, 글을 다듬는 일의 어려움을 나타내는 표현이다.

    평해주신 말씀은 구구절절 합당합니다. 존형의 도끼 솜씨를 믿지 않는다면 어찌 제가 악토(堊土)를 코에 올릴 수 있겠습니까. 그러나 저의 소견으로 볼 때 끝내 삭제해야 마땅한 것이 있습니다. 별도로 정리하여 아룁니다. 아직 간행되기 전이라면 다시 헤아려 조처하는 것이 어떻겠습니까.
    글을 다룸에 있어서 저의 병은 너무 대범한 데 있고, 존형의 병은 너무 꼼꼼한 데 있습니다. 대범하기에 붓을 잡자마자 바로 글을 쓰니 신중하지 못하고, 꼼꼼하기에 마땅히 대범해야 할 곳에서 종종 각박하고 혹독하게 됩니다. 우리 두 사람을 합하여 골고루 섞는다면 좋은 문장이 어떠한 것인지 말할 수 있을 것입니다.

                      - 이만도 『향산집』 「김응유에게 답하다[答金應由]」

편집은 '악비(堊鼻)'다

'악비(堊鼻)', 아주 고운 하얀 흙[堊, 백토 아]을 코[鼻, 코 비]에 파리 날개처럼 엷게 바르고서 친구에게 도끼를 휘둘러 그것을 깎아내게 한다. 편집은 '악비(堊鼻)'다. 무엇을 깎아내고 무엇을 남길 것인가. 편집자의 손에 들린 것은 단지 빨간 펜이 아니라 누군가의 코까지 베고 마는 무시무시한 무기다. 편집은 코끝에 묻은 작은 얼룩을 커다란 도끼를 휘둘러 깎아내는 것처럼 까다로운 일이며, 살짝만 어긋나도 피 칠갑이 되고 마는 아찔한 일이다. 편집은 무엇을 덜어내면 좋을지 알고 딱 그것만 깎아내는 절묘한 실력이며, 무엇을 남겨두면 좋을지 알고 오직 그것만 남기는 진귀한 감각이다.

편집은 '파트너십'이다. 자신의 코를 내놓는 친구와 도끼를 휘두르는 친구, 그 둘은 언제나 한 쌍이다. 서로에게 서로가 없으면 그 재주를 세상에 내보일 수 없다. 편집자와 작가는 믿음으로 묶여 있어야 한다. 편집자는 내가 글을 허투루 만지면 혹 작가까지 다치는 것은 아닌지 고민해야 한다. 작가는 편집자에게 무한한 신뢰를 보내야 하고, 어지간한 소란과 농간에는 흔들리지 않는 태도를 유지해야 한다. 그 둘이 믿고 의지할 때 최고의 작품이 나올 수 있다.

편집자는 작가의 친구고, 작가는 편집자의 친구다. 책은 그 파트너

십이 우리에게 주는 선물이다. 함께 시간을 쌓고, 경험을 쌓고, 실력을 쌓고, 믿음을 쌓고, 이야기를 쌓은 그런 '너와 나'만이 서로에게 '친구'라는 이름을 허락할 수 있다. 편집은 친구를 만나 너는 나에게, 나는 너에게, 서로의 운명을 부탁하는 가슴 뛰는 일이다. 기꺼이 친구에게 책의 목숨을 기탁하는 가슴 벅찬 일이다.

편집은
제목을 결정하는 것이다

정조(正祖 1752~1800)는 조선시대의 제22대 왕이다. 휘는 산(祘), 자는 형운(亨運), 호는 홍재(弘齋)·홍우일인재(弘于一人齋)·만천명월주인옹(萬川明月主人翁)이다. 『홍재전서』를 남겼다. 「『주공서』를 편집한 여러 신하들의 문목에 답하다[答周公書編輯諸臣問目]」는 『주공서』를 편집하면서 정조와 신하들이 나눈 말들을 기록한 글이다.

아주 오래된 편집 매뉴얼 02

 이 글은 정조가 「『주공서』를 편집한 여러 신하들의 문목에 답하다」에서 『주공서』의 제목에 대해 쓴 것이다. 제목을 결정할 때는 합당한 이유가 있어야 한다고 말했다.

 서형수가 말하기를 "주자가 처음에 『소학』과 『대학』의 제목을 『소학지서』와 『대학지서』라 하였으니, 이 책의 제목 또한 『주공지서(周公之書)』라 짓는 것이 공경하는 뜻에 합당할 듯합니다."라고 하였다.

 내가 답하기를 "책을 펼쳐 읽을 때 가장 중요한 것은 바로 책의 제목이다. 주자가 주고받은 편지에 『소학지서(小學之書)』라는 말이 보이고, 『소학집성』에도 역시 『소학지서』라는 기록이 있다. 하지만 이것은 분명하게 확정된 제목이 아니었다. 그리고 『대학』으로 말하자면, 이것은 『예기』의 편명(篇名) 중 하나이니, 중용·곡례·단궁 등의 이름과 서로 비슷한 것이다. 지금 만약 『대학』의 서문 중 한 구절을 가지고 『대학지서(大學之書)』가 『대학』의 제목이라고 말한다면, 『중용』은 어찌하여 『중용지서』라고 말하지 않는가? 옛날부터 지금까지 많은 종이를 사용하고 붓을 닳게 하면서, 서고의 바닥부터 마룻대까지 채우고 소가 운반하면서 땀을 흘릴 정도로 많은 서적이 있었지만,

일찍이 이런 책 제목은 없었다. 따라서 이 책의 제목은 『주공서(周公書)』로 짓는 것이 좋겠다."라고 하였다.

- 정조 『홍재전서』
「『주공서』를 편집한 여러 신하들의 문목에 답하다[答周公書編輯諸臣問目]」

편집은 제목을 결정하는 것이다

'주공서(周公書)'와 '주공지서(周公之書)'. 편집은 한 글자를 넣고 빼고의 차이를 아는 것이다. 차이를 안다는 것은 차이를 만들 수 있다는 것이다. 차이가 책의 폭과 깊이를 만들고, 색과 향기를 만들고, 뜻과 가치를 지킨다.

편집은 제목을 고민하는 것이다. 책을 어떻게 시작할 것인가? 책을 어떻게 기억시킬 것인가? 책을 어떻게 소개할 것인가? 책을 어떻게 각인시킬 것인가? 제목은 책의 첫인상이자 마지막 잔상이다. 책과의 처음 만남을 규정하고 결정짓는 말 한마디, 마지막 책장을 덮은 후에도 머릿속을 뛰어다니는 말 한마디가 '제목'이다.

편집은 책의 메시지를 제목 하나로 응축시키는 실력, 책의 에너지를 제목 하나에 농축시키는 능력이다. 제목은 가장 짧지만 가장 큰 말,

아주 오래된 편집 매뉴얼 02

가장 간략하지만 가장 풍성한 말이다. 책의 모든 것을 수렴하고 발산하는 마법의 말이다. 압축하면 단어 하나로 집결되고, 펼치면 책 한 권이 되는 마성의 말이다. 편집은 그런 제목을 결정하는 중요한 일이다.

제목을 어떻게 붙이느냐가 책의 성격을 바꾸고, 제목을 어떻게 붙이느냐가 책의 운명을 가른다. 제목에 무엇을 붙이고 무엇을 떼어낼 것인가. 편집은 편집자가 자신만의 감으로 제목을 최종 결정하는 신중함이다. '감'은 아니면 말고 식으로 아무렇게나 대충 내뱉는 무책임한 말이 아니라, 성실한 공부와 치밀한 훈련과 끝없는 사유와 치열한 성찰로 정교하게 다듬어지고 만들어지는 고도의 감각이다. 그동안 어떤 책이 있었는지, 그동안 어떤 제목이 있었는지, 앞으로 어떤 책이 나와야 하는지, 앞으론 어떤 제목이 있어야 하는지, 방대하면서도 정확한 지식이 있어야 제대로 제목을 뽑을 수 있다.

조금만 알면 위험하다, 완벽히 알아야 결정할 수 있다. 부분만 알면 경직된다, 전체를 알아야 상상할 수 있다. 편집은 자신이 결정한 제목 하나가 책의 모든 것을 담을 수 있다는 담력이며, 다른 건 다 잊어도 그 한마디는 절대 잊지 말아 달라는 세상에 대한 당부다.

편집 회의는
심히 즐거운 일이다

정약용(丁若鏞 1762~1836)은 조선시대의 문신·학자다. 자는 미용(美庸)·송보(頌甫), 호는 다산(茶山)·여유당(與猶堂)·삼미(三眉)·열수(洌水)·열로(洌老)·열모(洌髦)·철마산초(鐵馬山樵)·사암(俟菴)·초계(苕溪)이다. 「서암강학기(西巖講學記)」는 정약용이 서암의 봉곡사에서 성호 이익의 『가례질서』를 다시 편집하는 과정을 기록한 글이다. 열흘 동안 목재 이삼환 등 성호학파 학자들과 함께 편집 회의를 했다. 이삼환의 종조부가 성호 이익이다.

아주 오래된 편집 매뉴얼 03

이 글은 정약용이 「서암강학기」에서 『가례질서』의 편집 회의에 대해 쓴 것이다. 13명의 학자들이 한 자리에 모여 책을 교정하고 토론하며 즐거운 시간을 보냈다고 말했다.

목재 이삼환 선생께서 봉곡사에 도착하셨다. 이때 가까운 고을에 있는 여러 친구들이 차례로 모여들어 사문(師門 이익)께서 남기신 글을 교정했는데, 먼저 『가례질서』를 가지고 그 범례를 정하였다. (중략)

낮에는 『가례질서』의 잘못된 곳을 바로잡아 다시 고쳐 쓰는 '선사(繕寫)' 작업을 했는데, 목재 선생께서 우리가 고쳐 쓴 것을 직접 교정해주셨다. 밤에는 학문과 도리에 대해 토론했는데, 혹 목재 선생의 물음에 여러 사람들이 대답하기도 하고, 혹 여러 사람들의 질문에 목재 선생께서 시시비비를 가려 말씀해주시기도 했다. 이와 같이 하기를 10일이나 했으니, 심히[甚] 즐거운 일이었다.

토론에 참가한 사람들 명단은 다음과 같다. 이삼환, 이광교, 이재위, 박효긍, 강이인, 이유석, 심노, 정약용, 오국진, 강이중, 권기, 강이오, 이명환.

목재 이삼환 선생께서 토론에 앞서 이렇게 말씀하셨다. "글로 친구를 모으는 것은 옛사람들이 즐기던 일이다. 그러나 오늘날의 학자들은 서로 모여 학문을 토론하면서도 항상 쓸데없는 찬사나 지나친 겸손으로 하루해를 다 보낸다. 갑이 을을 높이 찬양하면, 을은 극구 몸을 빼어 뒤로 물러나는 체한다. 이어 을이 갑을 두 배로 칭송하면 갑은 그 말을 받아 겸양하는 체한다. 이렇게 해서는 절대로 학문과 인격을 제대로 갈고닦을 수 없고, 몸과 마음에 실질적인 이로움이 있을 수 없다. 내가 들으니 근래에 '천박한 소견을 가진 사람은 집에 가만히 누워서 잠이나 자는 것이 마땅하다.'라는 말이 있다고 한다. 세상에 명언이니, 어진 여러분들은 이 말을 명심해야 할 것이다."

- 정약용 『다산시문집』 「서암강학기(西巖講學記)」

편집 회의는 심히 즐거운 일이다

10일 동안 13인의 편집 회의가 멋지다. 편집 회의는 서로 다른 시각과 감각을 하나로 모으는 시간이다. 최고와 최선에 한 걸음 더 다가가기 위해 모두가 제각각 자신의 언어와 체취와 신념과 두려움을 쏟아붓는 경험이다. 마지막까지 견주고 끝끝내 견지하던 다름 끝에서 비로소 길어 올린 소중한 그 하나를 지켜가는 사건이다. 이유 있는 비

아주 오래된 편집 매뉴얼 03

판과 근거 있는 주장으로 의미 있는 편집이 완성된다. 그 이유와 근거와 의미를 찾고 모으고 풀고 또 엮어가는 것이 편집 회의다. 편집은 끝까지 의심하고 끝까지 생각하는 힘이며, 편집 회의는 그 힘을 서로가 서로에게 연결하고 전달하고 격려하고 독려하는 일이다.

편집 회의는 끝내주게 즐거운 일이다. 실컷 말하고, 맘껏 묻고, 힘껏 논쟁하는 일이다. 낮과 밤을 이어, 너와 나를 이어 열의와 열기를 증폭시키고 강화시키는 뜨거움이다. 어설프게 긴 것도 아니고 짧은 것도 아닌, 애매하게 좋은 것도 아니고 나쁜 것도 아닌, 어정쩡하게 아는 것도 아니고 모르는 것도 아닌 상태로 나와 너를 내버려두지 않는 매서움이다.

편집 회의는 끝까지 캐고 따져 조금이라도 어긋난 것은 바로잡으려는 노력이고, 끝까지 물고 늘어져 조금이라도 이상한 것은 고쳐놓으려는 끈기다. 편집 회의는 심히[甚], 많이 매우 깊이 참으로 몹시 대단히 즐겁고 기쁜 일이다. 철저하게 공격하고 처절하게 방어한 후에 느끼는 가뿐함이며, 미련도 후회도 없이 남김없이 쏟아낸 후에 찾아오는 후련함이다. 갈 데까지 가본 사람들만이 누리는 희망이고, 할 데까지 해본 사람들만이 느끼는 희열이다. 편집 회의는 언제나 치열하고 격렬하지만 틈틈이 바지런히 즐겁고 또 즐거운 일이다. 그게 싫다면 집에 가서 발 닦고 잠이나 자는 편이 여러 사람을 위해 좋을 일이다.

편집(編輯)은
편집증(偏執症)적이다

이덕무(李德懋 1741~1793)는 조선시대의 실학자다. 자는 무관(懋官), 호는 청장관(靑莊館)·형암(炯菴)·아정(雅亭)·선귤당(蟬橘堂)·단좌헌(端坐軒)·사이재거사(四以齋居士)·주충어재(注蟲魚齋)·학상촌부(鶴上村夫)·학초목당(學草木堂)·향초원(香草園)·한죽당(寒竹堂)이다. 규장각의 검서관으로 일했다. 「교서(校書)」는 이덕무가 편집자의 4덕과 4악덕에 대해 쓴 글이다. 편집자가 가져야 할 네 가지 덕목은 박흡(博洽)·정민(精敏)·침정(沈靜)·근려(勤勵)라고 했다.

아주 오래된 편집 매뉴얼 04

이 글은 이덕무가 「교서」에서 편집자의 4덕과 벽(癖)에 대해 쓴 것이다. 편집자는 책과 편집을 지나칠 정도로 좋아해야 한다고 말했다.

간행한 책의 정밀함은 오직 교정이 좋으냐에 달려 있다. 책을 교정하는 관리는 마땅히 박흡(博洽 박학다식), 정민(精敏 섬세함), 침정(沈靜 차분함), 근려(勤勵 부지런함)하여 진실로 글을 좋아하는 '벽(癖)'을 가진 사람으로 엄정하게 가려 선택해야만 한다. 이 네 가지 덕(德)을 갖추지 못한 사람은 교정을 성공적으로 마칠 수 없다.

- 이덕무 『청장관전서』 「교서(校書)」

편집(編輯)은 편집증(偏執症)적이다

편집자가 지녀야 할 네 가지의 덕목은 아는 것이 많아 막히는 데가 없는 '박흡(博洽)', 정성스럽고 섬세한 '정민(精敏)', 차분하고 조용한 '침정(沈靜)', 부지런히 애쓰는 '근려(勤勵)'다. 이 모두를 갖추어야 좋은 편집자다. 책은 오로지 편집이 좋으냐에 달려 있고, 편집은 오롯이 편집자가 좋으냐에 달려 있다.

편집은 '벽(癖)'이다. 글과 책에 몰입하고 몰두하면 할수록 더 깊이 빠져드는 환희와 기쁨이다. 책에 대한 일이라면 늘 최선에 최선을 다하지만, 그것이 책에 관한 일이라서 더 가슴 졸이게 되는 고통과 통증이다. 벽(癖)은 무언가에 미쳐버리는 것이다. 다른 사람의 시선이 아니라 나만의 기준과 원칙으로 어떤 사건과 사물에 골몰하는 편집증적 자세다. 편집자는 자신이 지닌 것 너머의 그 무엇을 보고 느끼고 만지고 싶어 하는 강한 충동과 그렇게 만난 바로 그 무엇을 책으로 만들어 내고 싶어 하는 강한 열망을 가진 편집증적 존재다.

편집은 편집증(偏執症)적이다. 지극한 성실함과 지독한 섬세함을 한량없이 요구하고, 절대적 지적 역량과 극단적 집중력을 끊임없이 요청하며, 언제나 인간이 할 수 있는 것 이상을 당당히 주문한다. 편집자는 그것을 인간이, 그것도 자신이 할 수 있다고 꿈꾸는 아둔하고 미련한 사람이다.

편집자는 편집을 열렬히 좋아해야 한다. 스스로도 쉽게 포기하거나 싫증 낼 수 없이 맹렬히 좋아해야만 한다. 편집자의 편집증은 밥도 못 먹고 잠도 못 자는 '지경'에 이르렀다는 야릇한 자만심이 아니라, 내가 진짜 편집자라 말할 수 있는 '경지'에 도달했는지 스스로 묻고 또 묻는 검질긴 의구심이다.

편집은
새겨 넣는 일이다

이덕무(李德懋 1741~1793)는 조선시대의 실학자다. 규장각에서 오랫동안 검서관으로 일하면서 많은 책을 교정하고 만들었다. 「교서(校書)」는 이덕무가 편집자의 4덕과 4악덕에 대해 쓴 글이다. 편집자가 버려야 할 네 가지 악덕은 노망(魯莽)·둔체(鈍滯)·조요(操擾)·해타(懈惰)라고 했다.

아주 오래된 편집 매뉴얼 05

    이 글은 이덕무가 「교서」에서 편집자의 자질과 책임감에 대해 쓴 것이다. 책에 편집자의 이름을 새겨 넣는 만큼 그 책임이 매우 크다고 말했다.

    책은 영원히 썩지 않는 거룩한 것이니 어찌 쉽게 말할 수 있겠는가? 하지만 노망(魯莽 어리석음), 둔체(鈍滯 우둔함), 조요(操擾 조급함), 해타(懈惰 게으름)하여 글을 싫어하는 천박한 무리에게 이토록 중요한 일을 맡겨 큰 사업을 그르치게 할 수 없다는 점은 분명하다. 책장 테두리선 왼쪽 밑에 반드시 '신(臣) 아무개 교정'이라 새겨 넣는 것은 훌륭한 서적의 본받을만한 좋은 격식이다.

- 이덕무 『청장관전서』 「교서(校書)」

/

편집은 새겨 넣는 일이다

    편집자가 버려야 할 네 가지의 악덕은 어리석고 미련한 '노망(魯莽)', 우둔하고 답답한 '둔체(鈍滯)', 조급하고 어지러운 '조요(操擾)', 게으르고 나태한 '해타(懈惰)'이다.

    편집에는 편집자가 투명하게 반영된다. 편집을 어쩔 수 없이 억지로 하는 지겨운 밥벌이로, 늘 하던 대로 얼렁뚱땅 대충 시간이나 때우는 권태로운 일상으로 여기면 그 짜증과 싫증이 그대로 투영된다. 미련함을 신중함으로, 우둔함을 침착함으로 착각하고 사는 내가 가감 없이 그대로 들통난다. 조급함을 성실함으로, 나태함을 진중함으로 오해하고 사는 내가 은연중에 고스란히 드러난다. 편집은 나의 이름과 실력, 나의 인성과 인생, 나의 심리 상태와 건강 상태까지 새겨 넣을 수밖에 없는 섬뜩하도록 솔직하고 정직한 일이다.

'불후(不朽)'의 책. 책이 썩지 않고 천년을 간다는 것은 책을 편집한 만듦새도 천년을 간다는 뜻이다. 나의 어리석음이 천년 동안 많은 사람들에게 낱낱이 전해지고, 나의 게으름이 천년 동안 방방곡곡 부지런히 알려진다는 뜻이다. 편집은 쉽게 번복할 수도, 쉽게 바꿀 수도, 쉽게 지울 수도 없는 결코 썩지 않는 약속이며, 절대 잊히지 않는 기억이다.

편집은 이러한 사실을 머리에 새기고, 가슴에 새겨, 책에 새겨 넣은 나의 이름에 끝까지 책임을 지겠다는 결심이어야 마땅하고, 나의 운명을 끝까지 책과 함께하겠다는 다짐이어야 합당하다. 편집은 책에 새겨 넣은 무한한 책임감이고 뼛속 깊이 새겨지는 무한한 두려움이다. 편집은 책에 나를 새겨 넣는 무섭고도 무거운 일이다.

편집은
친절함이다

송준길(宋浚吉 1606~1672)은 조선시대의 문신·학자다. 자는 명보(明甫), 호는 동춘당(同春堂)이다. 송시열과 함께 노론을 이끌었다. 「『소학언해』를 이정하는 데 대한 의론[小學諺解釐正議]」은 『소학언해』를 다시 만드는 일에 대해 송준길이 쓴 글이다. '이정(釐正)'은 다시 정리하여 바로잡아 고치는 것을 뜻한다. '의(議)'는 한문학 문체의 하나로, 일의 올바른 방향을 밝히기 위한 간결한 형식의 글이다.

아주 오래된 편집 매뉴얼 06

    이 글은 송준길이 「『소학언해』를 이정하는 데 대한 의론」에서 책을 다시 만드는 일에 대해 쓴 것이다. 『소학언해』는 『소학』을 공부하기 쉽도록 우리글로 번역한 책이다.

    『소학언해』가 간혹 주석과 맞지 않는 곳이 있으므로 학자들이 병통으로 여긴 지가 이미 오래입니다. 신하들이 『소학언해』의 이정(釐正)을 청한 것은 실로 사리에 합당하여 다른 의견이 있을 수 없습니다. 우리글로 번역한 언해 중 고쳐야 할 방언이나 저속한 표현이 하나둘이 아니오니 아울러 정밀히 교정하여, 공부할 때 의심스럽거나 막히는 곳이 없도록 해야 할 것입니다.

    또 훈련도감과 호남에서 만든 두 가지 본(本)의 『소학언해』는 주석이 모두 작은 글씨로 되어 있기에, 자세히 헤아리고 두루 살피는 데 불편함이 있습니다. 이번에는 큰 글씨로 간행하는 것이 더욱 합당할 듯합니다.

    - 송준길 『동춘당집』「『소학언해』를 이정하는 데 대한 의론[小學諺解釐正議]」

편집은 친절함이다

편집은 글씨의 모양과 크기와 간격을 고민하고 결정하는 일이다. 독자와 어떤 모양으로 만날지, 또 그 만남의 크기와 간격은 어떻게 할지, 가늠하고 설계하고 결정하는 일이다. 편집은 이 책이 누구에게 필요한 것인지 생각하고 판단하는 수고이며, 그에 꼭 알맞은 것을 찾아내고 만들어내는 배려이다. 독자는 따로 말하지 않는다. 자신과 맞지 않으면 말없이 외면하고 미련 없이 멀어질 뿐이다. 편집은 그 소리 없는 요구와 불만을 듣는 세심함이다. 편집은 무엇이 그들을 멀어지게 하는지, 무엇이 그들을 불편하게 하는지, 무엇이 그들을 홀대받고 있다고 느끼게 만드는지 알아채고 대비하는 일이다.

편집은 친절함이다. 친절함은 내가 본 것을 너에게도 보여주겠다는 시혜가 아니다. 네가 어리석어서가 아니라 내가 지독히 배타적이었다는 것을 시인하고, 네가 부족해서가 아니라 내가 지나치게 둔감했다는 것을 고백하는 마음이다. 그동안 내가 하기 좋은 방법으로만 늘 펼쳐놓았다는 깨달음과 미안함이고, 내가 보기 편한 곳에만 늘 놓아두었다는 깨달음과 부끄러움이다. 편집은 그 미안함과 부끄러움을 조금이나마 갚아보려는 절박한 시도이다.

친절함은 공감 능력이다. 나와 다른 처지의 누군가를 떠올리고 그

삶에 대한 깊은 이해와 성찰의 시간을 갖는 일이다. 무작정 같아지려는 것이 아니라 나와 다른 모양과 크기의 삶이 있다는 사실을 인식하는 일이며, 그의 삶과 나의 그것 사이에 놓인 간극과 간격을 인지하는 일이다. 내게 좋은 것, 내게 편리한 것, 내게 적당한 것이 절대 선(善)이 아니라 오히려 악(惡)일 수도 있다는 진실을 인정하는 일이다.

친절함은 어쩌다 한번 해보는 이벤트가 아니라 언제 어디에나 있어야 하는 필수 불가결한 삶의 요건이다. 어쩌다 한번 먹어보는 기특한 마음이 아니라 오랜 시간 갈고닦아야 하는 고결한 품성이다. 편집은 친절해야만 한다. 매니가 책을 만든다.

편집은
두려움이다

이황(李滉 1501~1570)은 조선시대의 문신·학자다. 자는 경호(景浩), 호는 퇴계(退溪)·도산(陶山)이다. 『주자서절요』를 남겼다. 「독서(讀書)」는 스승 이황의 독서에 관한 말과 행동을 제자들이 기록하여 남긴 것이다. 독서에 전념하는 이황의 모습을 볼 수 있다.

아주 오래된 편집 매뉴얼 07

 이 글은 제자 김성일이 「독서」에서 『주자전서』를 교수, 점찬하는 이황의 모습에 대해 쓴 것이다. 스승 이황이 『주자전서』를 통해 얻은 깨달음을 학문과 삶의 중심에 두었다고 말했다.

 퇴계 선생의 집에는 아주 오래된 『주자전서』 한 질이 있었는데, 너무 많이 읽어서 글자 획이 거의 보이지 않을 정도로 희미했다. 시간이 지나면서 사람들이 『주자전서』를 많이 찍어내자 선생은 그때마다 책을 구해 찬찬히 읽었다. 새 책을 얻을 때마다 반드시 서로 다른 이본(異本)을 대조해 틀린 곳을 고치는 '교수(校讎)' 작업과 글자를 고치고 어구를 다듬는 '점찬(點竄)' 작업을 하면서 다시 한번 읽으므로 선생에게는 책 구석구석이 모두 환하고 익숙했다.

 책을 몸과 마음에 받아들이는 것이 마치 직접 손으로 잡고 발로 디디듯, 귀로 듣고 눈으로 보는 듯하였다. 그러므로 일상생활에서 말하거나 침묵할 때, 활발히 움직이거나 고요히 가라앉을 때, 사양하거나 받을 때, 취하거나 내어줄 때, 벼슬에 나아가거나 물러날 때의 도리가 이 책의 뜻과 들어맞지 않는 것이 없었다. 혹 다른 사람이 어렵고 의심나는 것을 질문하면 선생은 반드시 이 책에 의거해 답했는데, 이 역시 사람이 마땅히 행해야 할 도리에 들어맞지 않는 것이 없었다. 이것은 모두 스스로 깨닫고 실제로 믿어 마음과 정신에 스며든 결과이니, 한갓 서책에 기대어 입으로 떠드는 것만으로는 미칠 수 있는 경지가 아니었다.

- 이황 『퇴계집』 「독서(讀書)」

편집은 두려움이다

새 책이 나올 때마다 꼼꼼히 비교하고 대조하고 고치고 지적하는 독자, 새 책을 볼 때마다 일일이 찾아보고 알아보고 표시하고 확인하는 독자가 있다면 얼마나 무서울까. 편집은 두려운 것이다. 한없이 깐깐하고 까다로우며 끝없이 정밀하고 정교한 독자를 만나는 것은 두려운 일이다. 그러나 그런 독자를 영영 만나지 못하는 것은 더욱더 두려운 일이다. 아무도 잘못을 알아보지 못하고 오류를 알아채지 못하면, 책은 점점 더 변변치 못한 것이 되어버린다.

책은 단지 글모음이 아니라 사람의 몸과 마음에 스며들어 세포 하나하나를 구성하고 감정 하나하나를 만들어낸다. 책은 책을 읽는 사람의 뇌가 되고, 심장이 되고, 손발이 된다. 책은 단지 종이 뭉치가 아니라 삶의 기준이 되고, 사유의 바탕이 된다. 책이 바로 그 사람이 된

아주 오래된 편집 매뉴얼 07

다. 그런 책을 편집한다는 것은 대단히 두려운 일이다. 편집자는 편집을 즐기고 사랑해야 하지만 동시에 어려워하고 무서워해야 한다.

편집에 '적당히'는 없다. 적당히 대충하면 못 볼 꼴, 못 볼 것이 생각지도 못한 곳에서 튀어나온다. 때마다 적당히 해치우려는 생각에 젖어드는 자신을 두려워해야 한다. 편집에 '이만하면'은 없다. 마지막에 다다른 후에도 한 번 더 살펴보고, 한 번 더 망설이고, 한 번 더 고민하고, 한 번 더 확인해야 한다. 그렇게 하고도 전전긍긍 밤잠을 설쳐야 한다. 때때로 이만하면 되었다는 생각에 빠져드는 자신을 두려워해야 한다.

두려움은 나를 볶아치고 괴롭히는 불안감이 아니라 나를 보호하고 지켜주는 버팀목이다. 어리석은 내가 나를 함부로 망가뜨리고 허물어뜨리는 것을 두고 보지 않는 용기이며, 게으른 내가 나를 흐지부지 놓아버리는 것을 내버려두지 않는 우정이다. 편집은 편집의 두려움을 모른 채 사는 나를 두려워하는 것, 편집의 두려움을 모른 체하는 나를 두려워하는 것이다. 편집은 두려움이다.

편집은
매 맞을 각오를 하는 것이다

이긍익(李肯翊 1736~1806)은 조선시대의 학자다. 자는 장경(長卿), 호는 완산(完山)·연려실(燃藜室)이다. '연려실'이란 한나라 유향이 옛글을 교정할 때 신선이 지팡이에 불을 붙여 비추어주었다는 이야기에서 가져온 것이다. 「주자(鑄字)」는 이긍익이 금속 활자에 대한 여러 글을 모은 것이다. '주자'는 쇠붙이를 녹여 만든 활자를 뜻한다.

아주 오래된 편집 매뉴얼 08

    이 글은 이긍익이 「주자」에서 금속 활자와 교정 작업에 대해 쓴 것이다. 『지봉유설』에 전하기를 책에 오탈자가 있으면 곤장을 맞았다고 말했다.

    금속 활자를 만들어 책을 간행하는 일은 우리나라에서 시작한 것이지 중국에 있었던 것이 아니다. 임진왜란 후 글자를 새긴 나무 서판(書板)을 구하기 어려워 활자를 많이 사용했는데, 교정이 정밀하지 못한 점이 한스럽다. 옛날에는 서적에 잘못된 부분이 있으면 틀린 글자를 바로잡는 임무를 맡은 감인관에게 곤장을 때렸는데, 덕분에 오탈자가 근절되었다고 한다. [『지봉유설』에 전한다.]

– 이긍익 『연려실기술』 「주자(鑄字)」

편집은 매 맞을 각오를 하는 것이다

    틀린 만큼 곤장을 때리고, 잘못한 만큼 뭇매를 맞는다. '편집'은 작은 실수가 가져올 엄청난 재앙에 대한 경각심, 잠깐 방심이 가져올 크나큰 재난에 대한 경계심이다. 사력을 다한 뒤에도 어쩔 수 없이 밀려드는 아쉬움, 최선을 다한 후에도 어쩔 도리 없이 밀려오는 불안감이다. 해야 할 일뿐 아니라 할 수 없는 일에까지도 느낄 수밖에 없는 가엾은 긴장감, 했던 일뿐 아니라 하지 않은 일에까지도 느낄 수밖에 없는 가없는 책임감이다.

점 하나 글자 하나 틀리는 것에 벌벌 떠는 일이 편집이고, 선 하나 숫자 하나 어긋나는 것에 덜덜 떠는 사람이 편집자다. 정말 무서워하는 것, 진짜 두려워하는 것은 무엇일까? 잠깐 욕을 먹고 질타를 받는 것이 염려스러운 것이 아니라, '책'이라는 것이 세상에 영원히 남는다는 사실이 무섭고 두려운 것이다. 단지 욕먹을까 무서운 것이 아니라, 편집이란 어떠한 실수도 용납되지 않는 완전한 일이어야 하기에 무섭다. 그저 매타작이 두려운 것이 아니라, 편집자란 어떠한 과실도 용인되지 않는 완벽한 존재이어야 하기에 두렵다.

편집은 사람의 능력과 실력만으론 넘을 수 없는 높고 단단한 벽을 직면하는 절망이며, 동시에 사람의 정성과 정신으로만 그것을 뛰어넘을 수 있다는 희망이다. 나의 한계를 알아가는 처연함이며, 또한 그 한계를 허물 방법을 찾아가는 치열함이다. 편집은 기꺼이 매 맞을 각오를 하는 용맹함이며, 스스로 매를 드는 냉철함이다. 편집자는 편집이 돈을 버는 일이 아니라 매를 버는 일이라는 것을 알고도 덤비는 무모하고도 용감무쌍한 사람들이다.

편집은
기꺼이 만만해지는 것이다

장유(張維 1587~1638)는 조선시대의 문신·학자이다. 자는 지국(持國), 호는 계곡(谿谷)·묵소(默所)이다. 천문·지리·의술·병서·그림·글씨에 능통했고, 특히 문장이 뛰어났다. 「두 번째 판각한 『두시언해』의 서문[重刻杜詩諺解序]」은 두 번째로 간행하는 『두시언해』에 장유가 쓴 서문이다. 『두시언해』는 두보의 시를 읽기 쉽도록 우리글로 번역한 시집이다.

아주 오래된 편집 매뉴얼 09

 이 글은 장유가 「두 번째 판각한 『두시언해』의 서문」에서 우리글로 번역하는 언해(諺解)의 역할에 대해 쓴 것이다. 좋은 번역이 처음 배우는 사람에게 나침반의 역할을 해줄 수 있다고 말했다.

 시(詩)는 마음으로 이해해야 한다. 그러니 주석과 해설 따위를 덧붙일 필요가 있겠는가? 주석과 해설도 덧붙일 일이 없는데, 더구나 번역할 필요가 있겠는가? 그러나 식견이 뛰어난 사람의 입장에는 이 말이 당연하지만, 시를 처음 배우는 사람의 입장에서 생각하면 마음으로 이해되지 않는 점이 있을 때 어찌 주석과 해설을 보지 않을 수 있으며, 또 그렇게 해도 시원하게 의문이 풀리지 않을 때 어찌 우리글로 번역한 것을 보지 않을 수 있겠는가? 이 점이 바로 『두시언해』가 시를 처음 배우는 사람들에게 필요한 까닭이다.

 시는 두보에 이르러 사람이 해낼 수 있는 최고 수준에 도달했다. 소재 선택의 범위도 넓고, 내포된 의미도 깊고, 어휘 구사도 진실로 변화무쌍하다. 그러니 '뱃속에 국자감(國子監 국립대학)이 들어 있지 않으면 두보의 시를 볼 수 없다.'는 옛사람의 말을 어찌 믿지 않을 수 있겠는가? 그런데 그동안 두보의 시에 대한 주석과 해설을 낸 사람이 아주 많았지만, 정작 비밀스럽고 오묘한 뜻을 분명하게 밝혀놓은

것은 적었다. 때문에 두보의 시를 읽는 이들이 이것을 병통으로 여겨 온 지가 오래되었다. (중략)

아! 시(詩)가 선비에게 가치 없는 것이라면, 시를 짓는 일도 당장 그만두어야 할 것이다. 그러나 시를 짓는 일을 없애서는 안 된다면, 어찌 두보의 시를 읽지 않을 수 있겠는가? 그렇다면 시를 처음 배우는 사람이 두보의 시를 읽을 때 『두시언해』가 있는 것이야말로, 길을 잃었을 때 나침반이 있는 것과 같다고 해야 하지 않겠는가?

- 장유 『계곡집』 「두 번째 판각한 『두시언해』의 서문[重刻杜詩諺解序]」

편집은 기꺼이 만만해지는 것이다

편집은 사람마다 읽어야 할 책을 사람마다 읽게 할 묘책이 무엇인지 고민하는 일이다. 편집은 독자가 책을 끝까지 읽을 수 있도록 매혹하고 이끄는 힘이다. 책 말고도 할 게 많고 많은 사람들이 책을 손에 들 수 있도록 만드는 매우 열정적이고 적극적인 구애 활동이다. 독서가 영화보다, 게임보다, 낮잠보다, 운동보다, 수다보다… 더 재밌고 유용하고 해봄직한 일로 보이도록 만드는 매력 발산이다.

편집은 기꺼이 만만해지는 것이다. 만만해짐은 강한 자부심과 진

아주 오래된 편집 매뉴얼 09

짜 전문성과 진한 성실함이 전제되어야만 하는 용감함이다. 책을 무조건 낮추어 보고 얕잡아 보도록 내버려두자는 말이 아니다. 돼먹지 못한 위엄과 꼴같잖은 권위를 훌훌 벗고, 처음 이 길에 들어선 사람들에게 한 번 더 설명하고 한 발 더 다가가자는 말이다. 뛰어나고 완벽한 사람은 어려울 것도 없고 힘들 것도 없고 거칠 것도 없다. 하지만 우리의 독서는 자주 길을 잃고 그러다 아주 책을 잊는다.

서툴고 소심한 사람에게는 작은 걸림돌도 치명적일 수밖에 없다. 가시덤불을 걷어내고, 돌멩이를 치우고, 잡초를 뽑고, 어여쁜 꽃을 심고, 이정표를 세우고, 길을 닦는 것이 편집이다. 독자가 약간의 용기와 호기심만으로도 새로운 여행을 시작할 수 있도록 돕는 것이 바로 편집이 할 일이다. 편집은 누구나 길을 잃지 않고 끝까지 나아갈 수 있도록 안내하는 내비게이션이고, 혹여 잠시 길을 잃었더라도 다시 방향을 잡을 수 있도록 도와주는 나침반이다.

편집은
거짓으로 꾸미는 것이 아니다

남효온(南孝溫 1454~1492)은 조선시대의 문신·학자다. 자는 백공(伯恭), 호는 추강거사(秋江居士)·행우(杏雨)이다. 세조가 단종으로부터 왕위를 빼앗자, 벼슬을 버리고 절개를 지킨 생육신 가운데 한 사람이다. 「냉화(冷話)」는 남효온의 『추강냉화』를 말하는데, 세상에 드러나지 않은 이야기가 수록되어 있다.

아주 오래된 편집 매뉴얼 10

 이 글은 남효온이 「냉화」에서 『진산세고』의 편집 과정에서 생긴 문제점에 대해 쓴 것이다. 『진산세고』는 강희맹이 할아버지 강회백, 아버지 강석덕, 형 강희안 및 자신의 시문을 모은 책이다.

 강희맹이 『진산세고』를 편집하면서, 김수녕과 함께 점을 찍거나 문질러 지우며 글을 손봤다. 남이 보기 좋게 꾸며 선대의 이름을 후세까지 드날리도록 만들었다. 사람들은 이것을 효도라 말하지만, 나는 불효라 생각한다.
 신영희는 집에 조부 신석조의 시집이 있었다. 어느 날 친구가 "자네 집안의 문집은 간행할만한가?"라고 물었다. 신영희가 답하기를 "비록 우리 조부의 문명(文名)이 세상에 으뜸이긴 했지만, 남아있는 글 중에 전할만한 것이 하나도 없네. 일찍이 한 문하생을 애도하는 만시에 이르기를 '서른둘에 세상을 떠나니 그 불행이 안회와 같도다 [三十二而卒 不幸同顏回].' 하였네. 이것 외에는 아름다운 시가 없으니, 어찌 간행할 수 있겠는가?"라고 하였다. 사람들은 이것을 불효라 말하지만, 나는 효도라 생각한다. 왜냐하면, 조부의 행실과 기예를 거짓으로 더하거나 빼지 않고 정직하게 기록하는 것이 효도이기 때문이다. 만약 억지로 말을 꾸미고 글을 장식해서 기린다면 어두운 저승에서라도 어찌 부끄러운 마음이 없겠는가?

- 남효온 「추강집」 「냉화(冷話)」

편집은 거짓으로 꾸미는 것이 아니다

글을 세상에 남기면서 본연의 모습 그대로가 아니라 단지 남에게 잘 보이기 위해 거짓으로 꾸미는 것은 편집이 아니라 저열한 사기다. 작가를 위해, 세상을 위해, 자신을 위해… 기꺼이 책을 내지 말아야 할 이유를 알고, 느끼고, 지키는 것이 편집이다. 편집은 무조건 아무거나 책으로 묶는 신통방통한 기술이 아니다. 이것이 과연 책으로 묶어 남길만한 것인지 묻고 또 묻는 신중한 질문이다.

때로는 '거절'이 최고의 편집이다. 편집은 어설픈 원고를 그럴듯하게 꾸미는 화려한 기술이 아니라, 미완의 원고를 거부할 수 있는 냉엄한 판단력이다. 엉터리 원고를 보기 좋게 꾸미는 빼어난 수완이 아니라, 수준 미달의 원고를 가려낼 수 있는 혹독한 변별력이다.

작가와 편집자는 원고를 사이에 둔 담백한 관계다. 상대가 아무리 할아버지라도, 부모라도, 형제라도, 친구라도, 배우자라도, 자식이라도, 스승이라도, 유명인이라도… 철저히 원고로 말하고, 원고로 싸우고, 원고로 협력하고, 원고로 감사하는 사이일 때 둘의 관계가 향기로울 수 있다. 둘 사이가 담백하고 향기로울 때 비로소 책이 책다울 수 있다. 편집은 어떤 관계에서도 냉철함을 잃지 않는 것이고, 어떠한 경우에도 냉정함을 잊지 않는 것이다.

편집은
집값을 오르게 한다

이규경(李圭景 1788~1856)은 조선시대의 실학자다. 자는 백규(伯揆), 호는 오주(五洲)·소운거사(嘯雲居士)이다. 이덕무의 손자이며, 『오주연문장전산고』를 남겼다. 「차서·구서·장서에 대한 변증설[借書購書藏書辨證說]」은 이규경이 책을 빌리는 것, 책을 사는 것, 책을 소장하는 것에 대해 쓴 글이다.

아주 오래된 편집 매뉴얼 11

    이 글은 이규경이 「차서·구서·장서에 대한 변증설」에서 좋은 책을 얻기 위해 이사하는 일에 대해 쓴 것이다. 편집자의 정성과 솜씨 덕분에 주변의 집값이 올랐다고 말했다.

    중국 송나라 때의 용도각 직학사(龍圖閣 直學士) 송민구가 간직한 책은 모두 그가 직접 세 번, 다섯 번 교정본 것이었다. 따라서 장서가들은 송민구의 책을 가장 우수한 '선본(善本)'으로 인정했다. 그가 춘명방이라는 곳에 살고 있었는데, 당시 독서를 즐기는 사대부들이 그 주변으로 이사 오는 경우가 많았다. 이것은 그가 교정한 책을 구해 보기가 편리했기 때문인데, 덕분에 춘명방의 집값이 다른 곳에 비하면 두 배나 비쌌다. 이 얼마나 아름다운 모습인가?

    - 이규경 『오주연문장전산고』「차서·구서·장서에 대한 변증설[借書購書藏書辨證說]」

편집은 집값을 오르게 한다

    사람이 모이는 까닭이, 집값이 오르는 연유가 편집자 곁에서 살고 싶다는 것이라니 근사하다. 교육 특구니까, 상업 특구니까, 관광 특구니까 하는 이유가 아니라 너도나도 책을 사랑하는 사람들이 모여들어

집값이 두 배쯤 비싸졌다면 얼마나 좋을까? 저자, 편집자, 출판사, 독자, 서점, 도서관이 가까운 거리에서 서로의 체온과 체취를 느끼며 자유롭게 교류하고 교감할 수 있다면 얼마나 멋질까? 그 자긍심과 행복감과 열기가 고스란히 담긴 책은 얼마나 근사할까? 또 그 책을 맛보고 즐기며 이야기꽃을 피우는 사람들의 일상은 얼마나 아름다울까?

글을 쓰고 팔기만 해도 충분히 먹고사는 기적을, 책을 만들고 팔면서 자주자주 책 보고 음악 듣고 산책하는 여유를, 원하는 누구나 낮에는 밥벌이하고 밤에는 책 읽는 세상을 꿈꿔본다. 글을 쓰면서 돈을 이야기하면 예술이라는 말로 입을 틀어막고, 책을 만들면서 돈을 이야기하면 열정이라는 말로 생계를 가로막는다. 돈이 무조건 비천하고 천박한 것이 아니라, 아무 때나 예술을 들먹이고 열정을 강제하는 세상이 진짜 속물이고 괴물이 아닌가.

편집은 가치 있는 일이며, 가치는 가격으로 매길 수 없다. 그러나 이 말이 가치를 싼값에 후려쳐도 괜찮다는 뜻으로 쓰일 수는 없다. 노동의 가치, 근로의 가치가 쉽게 무시되고 묵살되는 현실에서 편집자는 차비 내고, 밥값 내고, 집값 내며 살아야 하는 생활인이다. 그 의식주가 불안정하고 그 미래가 불투명한데, 편집이 평온하고 평안하길 바라는 것은 지나친 농담이거나 가혹한 착취가 아닌가.

아주 오래된 편집 매뉴얼 11

    편집자에게는 과분한 칭찬과 과도한 사명감이 필요한 것이 아니라 정당한 보수가 주어지는 상식적인 현장이 절실할 뿐이다. 편집은 언제나 제값을 해내야 하는 일인 동시에 반드시 제값을 받아야 하는 노동이다. 당연하게도 좋은 편집은 좋은 편집자에게서 나온다. 그렇다면 좋은 편집자의 편집값은 당연하고도 합당하게 매겨지고 있는가? 돌아볼 일이다.

편집은
선본(善本)을 만드는 일이다

안정복(安鼎福 1712~1791)은 조선시대의 문신·학자다. 자는 백순(百順), 호는 순암(順菴)·한산병은(漢山病隱)·우이자(虞夷子)·상헌(橡軒)이다. 역사지리서인 『동사강목』을 저술했는데, 초고를 완성한 후에도 20여 년간 수정·보완 작업을 계속했다. 「선배들의 저술[前輩著述]」은 선배들이 책을 만든 공로에 대해 안정복이 쓴 글이다. 후배들이 선배들의 책을 소중하게 다루지 않는 모습을 안타까워했다.

아주 오래된 편집 매뉴얼 12

이 글은 안정복이 「선배들의 저술」에서 믿고 공부할 수 있는 '선본(善本)'이 나오게 된 배경에 대해 쓴 것이다. 책을 만드는 책임감이 너무 무거워 머리를 하얗게 세게 만들었다고 말했다.

지금 성균관의 사서삼경 판본을 '선본(善本)'이라 하는데, 이것이 만들어진 배경은 이렇다. 홍기라는 사람이 있었는데, 자는 언명(彦明)이고 숙종 때 예조 판서를 지낸 남파 홍우원의 종질이다. 어떤 재상과 가깝게 지냈는데 그 재상이 홍기의 명성을 시기해 임금에게 아뢰기를 "지금 통용되는 사서삼경에는 오류가 많습니다. 문신 중에 경서에 통달하고 문장에 능숙하기로는 홍기보다 나은 사람이 없습니다. 그로 하여금 교정하게 하소서."라고 하니, 임금이 윤허하였다. 그래서 홍기가 명을 받들어 오랜 세월에 걸쳐 연구하고 교정하여, 비로소 조금도 틀리거나 잘못된 것이 없는 '선본'이 완성되었다.

내가 일찍이 홍기가 어떤 사람에게 보낸 편지를 보았는데 '책을 만드는 책임이 사람의 머리를 하얗게 세게 만들었다.'라는 말이 있었다. 그 말만으로도 그가 기울인 공력이 얼마나 대단했는지 알 수 있다. 그는 이 때문에 건강을 잃고 자신의 능력을 다 펼치지 못하고 죽고 말았으므로, 모든 사람들이 애석하게 여겼다. 이렇게 만들어진 책을 지금까지 읽으면서도 아무도 그것이 홍기에서 나왔다는 것을 알지 못하니, 몹시 안타까운 일이다.

- 안정복 『순암집』 「선배들의 저술[前輩著述]」

편집은 선본(善本)을 만드는 일이다

'선본(善本)'은 좋은 책, 착한 책, 모범적인 책, 아름다운 책, 내용이 뛰어난 책, 제본이 잘된 책, 기본에 충실한 책, 기초가 튼튼한 책, 기준이 되어주는 책, 무엇보다 편집이 잘된 책이다. 편집은 '선본(善本)'을 만드는 일이다.

그러나 편집은 어렵고 힘든 일, 외면받고 홀대받는 일이다. 오랜 시간 많은 공력을 들여야 하는 일이지만 그에 걸맞은 대접을 받지 못하는 일이다. 될 수 있으면 뒤로 미루고 싶은 일, 할 수 있다면 남에게 미루고 싶은 일이다. 편집은 눈알이 빠질 것 같고, 머리가 깨질 것 같고, 수명이 줄어들 것만 같은 끝없는 고행길이다. 친구에게 자식에게 후배에게 이런 편집 일을 권할 수 있나? 지금 자신이 하는 편집 일을 아끼고 사랑하는 사람에게 권할 수 있나?

선배 편집자는 사람들이 믿고 읽을 수 있는 좋은 선본(善本)을 만

아주 오래된 편집 매뉴얼 12

드는 사람, 후배들이 믿고 따를 수 있는 좋은 견본(見本)이 되어주는 사람, 실력만큼 인정받고 일한 만큼 보상받는 환경을 만들어주는 사람이다. 선배는 편집을 명예로운 일로, 먹고살만한 일로, 젊음과 열정을 쏟아부어도 억울하거나 원통하지 않은 일로 만들어주는 존재가 되어야 한다. 편집은 재능 있고 실력 있는 사람을 시기하고 질투하여 밀어 넣는 깊고 검은 구렁텅이가 아니라, 재능 있고 실력 있는 사람이 높이 훨훨 날 수 있도록 만들어주는 날개가 되어야 옳다.

편집은 시기심 따위에 지지 않는 것, 그걸 갚고도 남을 만큼 가슴 벅찬 자부심이다. 편집은 질투심 따위에 지워지지 않는 것, 그걸 덮고도 남을 만큼 보람찬 자긍심이다. 편집은 좋은 책을 남기는 일, 좋은 책으로 남는 일이다.

편집은
깊이 사모하는 일이다

황준량(黃俊良 1517~1563)은 조선시대의 문신·학자다. 자는 중거(仲擧), 호는 금계(錦溪)이다. 어려서부터 재주가 뛰어나 신동으로 불렸다. 「금계집내집발(錦溪集內集跋)」은 황준량의 『금계집내집』에 이산해가 쓴 발문이다. 황준량의 문장과 학문이 뛰어나다는 점과 책을 묶게 된 사연을 보여주는 글이다.

아주 오래된 편집 매뉴얼 13

이 글은 이산해가 쓴 발문 끝에 13개의 오자에 대해 황응규가 덧붙여 쓴 것이다. 황응규(黃應奎 1518~1598)의 자는 중문(仲文), 호는 송간(松澗)·송촌(松村)이다. 황준량과 황응규는 이황의 제자였다.

문집 속 오자는 대개 서판을 새기는 사람의 실수 때문이다. 내가 선생(先生 황준량)의 시풍(詩風)을 사모하여 선생께서 남긴 글을 읽다 보니 간혹 이해할 수 없는 곳이 있었는데 모두 13자였다. 면밀히 잡아내고 깊이 헤아려 확인해보니, 과연 선생의 입에서 나온 것과 달랐다. 몹시 애석한 마음으로 바로잡아 따로 덧붙인다. 갑신년(1584) 가을에 황응규가 쓰다. [지금 판본은 교정한 13자에 의거하였다.]

- 황준량 『금계집』 「금계집내집발(錦溪集內集跋)」

편집은 깊이 사모하는 일이다

뭔가 이상하다. 뭔가 수상하다. '편집'은 보자마자 처음부터 쾅쾅 찍히는 커다란 물음표가 아니라, 심장 가장 가까운 곳을 간지럽히는 잔잔한 물결이다. 보통 사람들은 잘 알지도 못할 작은 불편함을 감지하고, 다른 사람들은 잘 느끼지도 못할 작은 이물감을 인지하고, 평범한 사람들은 다 그냥 넘어갈 작은 거북함을 인식하는 섬세함이다. 까다롭다 예민하다 별스럽다 욕먹어도 다시 한번 헤아리고 점검하고 확인해야 맘이 놓이는 철저함이다.

상식에서 벗어난 오자를 골라내려면 상식이 있어야 하고, 기본에서 어긋난 실수를 잡아내려면 기본을 쌓아야 한다. 편집은 빼어난 감각이다. '감각'은 하늘에서 뚝 떨어진 무엇이 아니라, 반복된 훈련과 혹독한 단련으로만 장착이 가능한 고결한 실력이다. 뭔가 좀 갸우뚱 이상한 구석, 어딘가 좀 삐끗 어긋난 지점을 알아차리는 세심한 능력이다. 뜨겁다 차갑다 경박하게 반응하는 말초신경이 아니라 몸속 깊숙이 오랜 시간 근육으로 키워낸 묵직한 근력이다. 이런 실력과 근력이 자리 잡기까지 지난한 과정을 견디게 하는 힘은 사모하는 마음뿐이다.

편집은 그의 글을 깊이 사모해야 가능한 일이고, 그의 삶을 깊이 이해해야 가늠되는 일이다. 그의 시풍(詩風)에서 벗어난 글자를 집어내려면 시를 깊이 사모하고, 어긋난 글자를 짚어내려면 그를 깊이 알아야만 한다.

편집은 무엇이 잘못된 것일까, 어디서부터 잘못된 것일까 끈질기게 살펴보는 관찰력이다. 무엇이 본연의 모습일까, 어떤 것이 원형의

아주 오래된 편집 매뉴얼 13

향과 색일까 검질기게 따져 묻는 통찰력이다. 그 글의 멋을 아는 사람으로서 조금이라도 이상한 것, 조금이라도 거슬리는 곳은 명명백백하게 밝히겠다는 책임감이다. 그 글의 맛을 제대로 전하고 싶은 사람으로서 조금도 불순물이 섞이지 않게, 조금 더 정갈하고 투명하게 독자들에게 전달하겠다는 사명감이다. 편집은 글과 사람을 깊이 사모하는 일이며, 편집자는 책과 편집을 깊이 사모하는 사람이다.

편집은
근근간간함이다

기대승(奇大升 1527~1572)은 조선시대의 문신·학자다. 자는 명언(明彦), 호는 고봉(高峯)·존재(存齋)이다. 이황과 8년 동안 사단칠정(四端七情) 논쟁을 하면서 조선 유학 사상에 큰 영향을 끼쳤다. 「『주자서절요』의 발문[朱子書節要跋]」은 기대승이 『주자서절요』에 쓴 발문이다. 『주자서절요』는 이황이 주자의 『주자대전』에서 중요한 부분을 뽑아 편찬한 책이다.

아주 오래된 편집 매뉴얼 14

    이 글은 기대승이 「『주자서절요』의 발문」에서 유중영의 근근간간함에 대해 쓴 것이다. 유중영 덕분에 『주자서절요』가 완벽한 모습으로 세상에 나올 수 있었다고 말했다. 유중영은 유성룡의 아버지고, 유성룡은 이황의 제자다.

    주자가 평생 동안 저술하신 모든 것이 『주자대전』에 수록되어 있는데, 그 분량이 100여 권이나 된다. 여러 체재가 구비되어 있고, 그 넓이와 깊이가 끝이 없으므로 학자들이 이 책을 보면 두려워하고 놀라워하며 한숨을 내쉬게 된다. 퇴계 선생은 일찍이 『주자대전』 중 서류(書類 편지) 가운데 간절하고 요긴한 것을 가려 뽑아 간략하게 만들고는 『주자서절요』라 이름 붙였다. 덕분에 선생이 강론하고 연구하는 데 유익했으며, 또한 이것을 보려는 사람이 있으면 숨기지 않았다.

    지난해 황준량이 『주자서절요』를 성주에서 인쇄했고, 유중영 또한 황해도 관찰사로 있으면서 인쇄했고, 그 뒤에 또 평양에서 인쇄했었다. 그러나 이때는 모두 활자를 사용했으므로 인쇄가 끝난 뒤에는 곧 헐어 없애버렸고 그 인쇄한 양도 얼마 되지 않았다. 그래서 학자들은 책이 넓게 배포되지 못함을 늘 안타깝게 여겼다. 마침 유공이 정주 목사가 되어 이 책을 넓고도 멀리 전할 계획을 세웠다. 공인(工人)을 불러들이고 목재를 모으고 깨끗이 정리해 써서 판각하였다.

퇴계 선생은 연구하시는 틈틈이 난해한 부분에 대해 친절하게 주석과 해설을 달았고, 또 주자의 친구와 제자들의 이름과 여러 사실을 따로 써서 하나의 목록으로 만들었다. 이 자료는 궁벽한 시골의 만학자들이 공부하면서 생기는 의혹을 없앨 수 있는 바탕이 된다. 유중영이 그 모든 것을 빠짐없이 취해 판각하니, 이 책이 비로소 완벽하게 정리되어 후세에 전해지게 되었다. 퇴계 선생이 후학들에게 끼쳐주신 은혜뿐 아니라 유공이 책을 완성하고 전파하기 위해 쏟은 근근간간(勤勤懇懇 근면함과 간절함) 역시 존경스러운 일이다. 이 책을 보는 사람들이 이러한 유래를 모르면 안 되기에 기록을 남긴다.

— 기대승 『고봉집』, 「『주자서절요』의 발문[朱子書節要跋]」

편집은 근근간간함이다

편집은 글을 쓰는 사람과 책이 필요한 사람을 만나게 하는 아름다운 일이다. 편집은 글이 만들어지는 과정을 기억하고, 책이 만들어지는 유래를 기록하는 수고로운 일이다. 편집은 '근근간간(勤勤懇懇)', 근

아주 오래된 편집 매뉴얼 14

면하고 또 근면하고 간절하고 또 간절한 일이다.

편집의 '근면함'은 아무런 방향성 없는 부산스러움이 아니라 완벽한 책을 만들겠다는 목표를 향한 부지런함이다. 빠짐없이 다 챙기겠다는 다짐, 빠짐없이 다 의심하겠다는 결심, 빠짐없이 다 찾아가겠다는 포부다. 편집의 '간절함'은 누구에게도 말하지 못할 속앓이가 아니라 세상에 전할 말에 대한 절실함이다. 무슨 말을 세상에 남겨야 할지, 그 말을 어떤 모양으로 세상에 주어야 할지 결정하고 또 점검하는 일이다. 때로 그 말을 세상이 알아듣지 못하는 것에 대한 서글픔, 끝끝내 그 말을 세상에 남기지 못하는 것에 대한 두려움이다.

'간절함'은 내가 찜한 건 무조건 대박 나야 한다는 안달복달이 아니라 세상에 당연히 있어야 할 것이 당연히 있도록 만드는 책임감이다. 어떻게 하면 한 권의 책이 꼭 필요한 사람을 만날 수 있을까 고민하는 가슴이며, 한 권의 책이 꼭 필요한 사람을 만나는 일의 가치와 무게를 아는 마음이다.

글과 책은 다르다. 글이 책이 되려면 편집 과정을 거쳐야 한다. 편집은 글이 책의 꼴을 입는 시간의 궤적과 퇴적이다. 글이 책이 되는 모든 여정의 굽이굽이에 편집이 자리한다. 편집은 한 사람에게서 시작된 뜨거운 열정을 모두가 누릴 수 있는 따스한 은혜와 혜택으로 확대

시키려 애쓰는 근면함과 간절함이다. 편집은 한 사람의 시간과 정성을 농도 짙게 압축시키는 일인 동시에 그것을 사람들의 노고와 노력을 통해 극적으로 확장시키는 일이다. 편집은 좋은 책이 만들어지길 간절히 기도하는 일이며, 그 책이 만들어낼 멋진 기적을 부지런히 꿈꾸는 일이다.

편집은
모으는 것이다

윤증(尹拯 1629~1714)은 조선시대의 문신·학자다. 자는 자인(子仁), 호는 명재(明齋)·유봉(酉峰)이다. 윤선거의 아들이다. 「조여상에게 보냄[與趙汝常]」은 윤증이 조지항에게 1689년(숙종 15) 10월 20일에 보낸 편지다. 조지항은 조익의 손자이며, 여상은 그의 자(字)이다.

아주 오래된 편집 매뉴얼 15

    이 글은 윤증이 「조여상에게 보냄」에서 보관하고 있던 글상자에서 포저 조익의 친필 편지를 발견한 일에 대해 쓴 것이다. 아버지 윤선거가 조익에게 받은 편지를 조익의 문집 『포저집』에 추가로 수록할 수 있도록 돕겠다고 말했다.

    오래전부터 보관하고 있던 글상자에서 우연히 노 선생(老先生 조익)**의 친필 편지 넉 장을 발견했습니다. 그 가운데에는 문집에 수록해야 마땅한 것이 있었음에도 판각할 당시 글을 모으실 때는 찾아 올리지 못하였으니, 그 죄스러움을 어찌 다 말할 수 있겠습니까? 이에 별도로 베껴서 문집에 실을만한 부분은 푸른색으로 표시하고 불필요한 부분은 지워서 보냅니다. 노 선생께서 아버님께 보낸 편지글이 마침 권말**(卷末 『포저집』 권17의 끝부분)**에 있으니, 훗날 문집을 다시 간행할 때는 한 판만 더 추가하면 되므로 어려운 일은 아닐 것입니다.**

    친필 편지 넉 장은 별도로 포장하여 올립니다. 이것은 열람한 뒤에 곧바로 돌려주실 수 있겠습니까? 노 선생의 친필 글씨로 서첩(書帖)**을 만들어 소중히 보관하여 집안 대대로 전하는 귀중한 보물로 삼을 생각입니다.**

- 윤증 『명재유고』 「조여상에게 보냄[與趙汝常]」

편집은 모으는 것이다

아버지의 편지를 아들이 소중히 간직하고, 할아버지의 글을 손자가 책으로 간행하고…. 관계는 새로운 사람을 만나고 새로운 자료를 만나는 창이며, 새로운 사건을 만나고 새로운 세상을 만나는 문이다. 편집은 모으는 것이다. 인연을 모으고, 사연을 모으고, 생각을 모으고, 원고를 모은다. 아주 짧은 글도 보배처럼 글상자에 모아두고, 아주 잠깐의 만남도 보석처럼 마음에 담아둔다. 아주 작은 아이디어도 잊지 않고 차곡차곡 모아두고, 아주 사소한 실수도 지나치지 않고 바로바로 바로잡아둔다.

편집은 빠짐없이 빈틈없이 모으는 것이다. 빠짐없이 모으는 것은 무조건 많이 모으겠다는 억지가 아니라, 상상의 폭과 사유의 깊이를 만들 바탕이 되어주는 너그러움이다. 빈틈없이 모으는 것은 무작정 많이 모으겠다는 생떼가 아니라, 따로 떨어져 점점이 흩어진 정성과 정보를 하나로 뭉치고 모으는 따스함이다. 관계와 관계로 연결해 모이고 모은 것을 잘 활용할 수 있도록 힘을 모으는 일이 바로 편집이다. 관계 맺은 모두의 지성과 지혜를 모으고 모아 책으로 묶고 엮는 사람이 바로 편집자다.

편집은 인간관계의 총합이다. 편집은 모든 것을 집합시키는 실력이고, 모은 것을 결합시키는 능력이다. 편집은 처음부터 집중하고 골몰하여 방향을 잡아가고, 끝까지 집중하고 몰두하여 기틀을 유지하는 마음이다. 불필요한 것까지 더하고 함량 미달까지 보태어 무엇이든 다 그러모으겠다는 욕심이 아니라, 꼭 필요한 것이 혹 빠진 것은 없는지 정말 중요한 곳을 혹 무심히 지나친 곳은 없는지 한없이 근심하는 가슴이다. 편집은 흩어지고 없어지고 사라지는 것을 미리미리 막는 예방책이고, 그러고도 놓친 것은 다음을 기약하고 계획하고 기획하는 대비책이다.

편집은
때를 아는 것이다

김성일(金誠一 1538~1593)은 조선시대의 문신·학자다. 자는 사순(士純), 호는 학봉(鶴峰)이다. 스승 이황의 『자성록』 『퇴계집』 등을 편집하고 간행했다. 「월천 조목에게 보냄[與趙月川]」은 김성일이 1588년(선조 21)에 조목에게 보낸 편지다. 월천은 조목의 호다. 이황의 문집을 간행하기 위해 힘을 모으자는 내용이다.

아주 오래된 편집 매뉴얼 16

    이 글은 김성일이 「월천 조목에게 보냄」에서 스승 이황의 책을 만드는 일에 대해 쓴 것이다. 유성룡이 여유 있을 때 힘을 모아 문집을 간행하자고 말했다.

    새해가 되면 찾아뵈려고 즉시 문안 인사를 여쭙지 않았는데, 시골 생활에 번거로운 일이 많고 병이 다시 도져 지금까지도 찾아뵙지 못하고 있습니다. 도대체 평소에 우러러 사모하던 정이 어디에 있단 말입니까? 죄가 내려지기만을 기다리고 또 기다립니다. 날이 갈수록 봄빛이 환해지고 있으니, 어르신께서는 도(道)를 음미하며 여유롭게 지내실 것으로 생각됩니다.

    저 김성일은 시골로 돌아와 졸렬함을 지킴에 한가롭기는 합니다만, 날이면 날마다 계속되는 방문객과 일들이 사람의 뜻을 무너뜨림을 깨닫고 있습니다. 이와 같은데 어떻게 책을 들고 공부할 수가 있겠습니까? 이 때문에 더욱더 도(道) 있는 분께 나아가 옛날처럼 공부하고 싶은 생각이 간절합니다. 하지만 아직도 깜깜한 항아리 속 같은 이곳에 머물러 있으니, 한탄스럽고 또 한탄스럽습니다.

    여러 사람이 힘쓴 덕분에 선생께서 남기신 글들을 깨끗이 정리하여 베껴 쓰는 정서(淨書) 작업을 마쳤으니, 크나큰 다행이 아닐 수 없습니다. 그러나 아직도 글상자 속에 깊숙이 보관되어 있으니, 어찌하여 편집하고 교정해 후학들에게 보여주지 않는단 말입니까? 어르신이 아니면 누가 이 일을 책임지겠습니까? 지금 서애 유성룡이 오래도록 한가롭게 지내고 있으니, 이때를 놓쳐서는 안 됩니다. 모든 자료를 전부 보내어 그로 하여금 문집을 간행하는 일을 시작하게 해야 할 것입니다.

지난번에 만났을 때 서애가 말하기를 "이 일에 대해 여러 차례 연락을 드렸으나 끝내 답이 없다."라고 했습니다. 무슨 까닭에 그런 것입니까? 잘 의논해 조처해서 후회가 없도록 하시기를 천만번 또 천만번 간절히 바랍니다.

- 김성일 『학봉전집』 「월천 조목에게 보냄[與趙月川]」

편집은 때를 아는 것이다

편집은 닫아걸고 쉬어가야 할 때, 열어젖히고 밀어붙여야 할 때, 세상에 내보낼 준비가 되었을 때, 세상이 받아들일 준비가 되었을 때를 아는 것이다.

편집은 때를 아는 것이다. 때를 아는 것은 기회주의자의 약삭빠른

아주 오래된 편집 매뉴얼 16

모습이 아니라, 크고 작은 모든 일에 넓고 깊게 관심을 가지는 성실함이다. 누가 요즘 무얼 하는지 근황과 일상을 낱낱이 꿰고 샅샅이 알아 적재적소에 알맞은 사람을 쓰는 총명함이다. 언제 일을 시작해야 할지, 사람들의 마음이 어디를 향하고 있는지 알아보고 짚어내는 안목이다. 세상은 어떤 것에 관심이 있는지, 사람들은 어떤 것이 필요한지 알아보고 잡아내는 식견이다.

편집은 때를 놓치지 않는 것이다. 때를 놓치지 않는 것은 이기주의자의 눈을 부릅뜬 모습이 아니라, 모든 시간을 찬찬히 관찰하며 충실히 살아내는 사람의 신중하고 묵직한 태도다. 세월이라는 거친 물살에 몸과 마음을 그저 흘려보내지 않고 언제나 오늘을 사는 치열함이다. 글로 오늘의 시간을 봉인하고, 책으로 영원의 시간을 부여하는 근면함이다.

편집자는 때를 알아 때를 놓치지 않고, 모든 것을 조정하고 조절하고 조율하는 사람이다. 너무 일러도 너무 늦어도 일을 그르치게 되고, 너무 서둘러도 너무 미뤄도 일을 망치게 된다. 편집은 더 적절한 때, 더 치명적인 때, 더 확실한 때를 잡아채는 명석함이다.

편집은 잠들어 있던 재능을 깨우고 숨죽여 있던 소망을 일깨우는 고마운 시간이다. 다락방의 외로운 글을 만인이 사랑하는 작품으로 만들 감격스러운 기회다. 모두의 간절한 기다림, 기나긴 그리움이 불꽃처럼 터져 나오는 아름다운 순간이다. 편집은 모든 조건이 완비되었을 때, 모든 상황이 무르익었을 때, 바로 그때를 놓치지 않고 포착하고 안착시키는 건실함이다.

편집은
사소한 것에 목숨 거는 일이다

이상정(李象靖 1711~1781)은 조선시대의 문신·학자다. 자는 경문(景文), 호는 대산(大山)이다. 퇴계 이황에서 발원하여 이현일, 이재에게 이어진 영남학파의 학맥을 이어받았다. 「이흠부께 답함[答李欽夫]」은 이상정이 『홍범연의』에 대해 의논하기 위해 이유원에게 보낸 편지다. 흠부는 이유원의 자(字)이다. 『홍범연의』는 이휘일·이현일 형제가 『서경』의 홍범편을 해설한 책이다. 이후 이현일의 아들 이재가 빠진 것을 채우고, 이휘일의 증손자 이유원과 이재의 외손자 이상정이 편집·교정하여 간행했다.

아주 오래된 편집 매뉴얼 17

 이 글은 이상정이 「이흠부께 답함」에서 『홍범연의』를 어떻게 만들면 좋을지에 대해 쓴 것이다. 지나치게 간략하면 본래의 모습을 잃기 쉽기에, 수록 내용이 많으면 많을수록 좋다고 말했다.

 지금 자세히 조사하고 대조해 잘못된 것을 바로잡는 '감교(勘校)' 작업에서 세심하게 마음을 쓰지 않은 것은 아닙니다만, 간략하게 하는 데만 전적으로 힘을 쓴다면 본연의 모습과는 전혀 다르게 될 것입니다. 비유하자면 나무를 가꾼다면서 뿌리와 줄기만 남겨두고 가지와 잎을 잘라버리며, 옷을 만든다면서 옷깃만 남겨두고 옷자락을 찢어버리는 것과 같습니다. 이렇게 하면서도 나무가 병들지 않고 옷을 망치지 않는 경우는 매우 드뭅니다. 예컨대 『의례경전통해』『대학연의보』와 같은 책은 권수가 30~50권이나 되지만, 많으면 많을수록 더욱 좋은 것입니다.

— 이상정 『대산집』「이흠부께 답함[答李欽夫]」

/

편집은 사소한 것에 목숨 거는 일이다
편집은 무엇을 지울 것인가, 무엇을 지킬 것인가를 고민하는 일이다. 지나치게 간략하고 생략된 것은 삭막하고 각박하며 건조하고 황폐하다. 편집은 지킴이다. 사소한 것까지 눈여겨보며 본연의 풍취를 지키고, 사소한 것까지 신경을 곤두세워 본래의 품성을 지키는 것이다. 지킴은 답답하고 갑갑한 구속이 아니라, 철저함과 꼼꼼함이라는 무기로 어설프게 폼 잡고 무게 잡는 세상 모든 것에서 자신을 지키는 빛나는 투쟁이다. 지킴은 나만 옳고 나만 좋으면 그만이라는 고집과 아집이 아니라, 마지막 순간까지 고민하고 갈등하며 바르고 올곧은 편에 자신을 세우는 아름다운 투지다.

편집은 디테일이다. 디테일을 함부로 무시하고 묵과하고 묵살하면 큰소리 뻥뻥 쳐봐야 내용은 텅텅 비게 될 뿐이다. 편집은 디테일에서 시작되고 진행되고 완결된다. 작은 차이를 만들기 위해, 작은 변화를 만들기 위해, 작은 감동을 만들기 위해 쏟는 마음과 정성이 바로 편집력이다. 편집은 크고 화려한 것에 한눈팔지 않고 가장 작고 가장 낮은 것을 오래도록 지켜보는 세심함이다. 소소하고 사소한 것들의 말 없는 수고 없이는 그 무엇도 만들어질 수 없다는 것을 아는 정직함이다. 나 하나쯤, 이거 하나쯤, 오늘 하루쯤… 뒤로 주춤 물러서면 그곳에 바로 구멍이 생긴다는 것을 아는 근면함이다. 그 구멍으로 그동안 쌓아 올린 모든 것이 줄줄 샌다는 것을 아는 총명함이다. 사소한 것은

아주 오래된 편집 매뉴얼 17

결코 작지 않다.

    편집은 디테일에 대한 집중과 집착과 집념이다. 편집은 디테일을 완벽하게 구비하고 구사하고 구현하는 일이다. 원형에 다다르는 원동력은 어지간해서는 체면 구길 일 없는 커다란 대의가 아니라, 그곳에 도달하기 위한 길을 온몸으로 닦은 세세하고 구구절절한 디테일에서 나온다. 그런 디테일을 갖지 못했다는 것은 아직 완성 단계가 아니라는 뜻, 이런 디테일을 만들 실력과 만질 여력을 갖추지 못했다는 것은 아직 편집자가 아니라는 뜻이다. 편집은 디테일을 지키는 것, 디테일을 살리는 것이다. 편집자는 사소한 것에 목숨 거는 **쪼잔한** 스타일의 영웅이다.

편집은
중용(中庸)을 지키는 것이다

신종호(申從濩 1456~1497)는 조선시대의 문신이다. 자는 차소(次韶), 호는 삼괴당(三魁堂)이다. 문장과 글씨에 뛰어났다. 『여지승람』을 정정하여 『동국여지승람』으로 편찬하는 데 참여하였다. 「『동문수』의 발문[東文粹跋]」은 신종호가 『동문수』에 쓴 발문이다. 『동문수』는 집현전 학자들이 우리나라 역대의 문장을 뽑아 놓았던 것을 김종직이 개편하여 만든 책이다.

아주 오래된 편집 매뉴얼 18

    이 글은 신종호가 「『동문수』의 발문」에서 편집의 어려움에 대해 쓴 것이다. 편집은 넘치지도 모자라지도 않는 중용을 지키는 것이라고 말했다.

    글을 모으는 대부분의 선비들은 호번(浩繁 넓고 많음)함에 현혹되거나, 간략함이 지나친 것이 문제다. 옥과 돌이 뒤섞여 분별이 없는 것은 호번함에서 오는 실수요, 보배를 구한다면서 진주를 버리고 좋은 말을 고른다면서 천리마를 빠뜨리는 것은 간략함에서 오는 실수다. 책이 완성되어도 세상이 중히 여기지 않으니 그것이 항아리 덮개가 되지 않는 것만으로도 다행인데, 더구나 오랫동안 전해질 것을 어찌 바랄 수 있겠는가? (중략)

    우리 동방의 문장이 신라에서 비롯되어 고려에서 번성했고 우리 조선에 와서는 극치를 이루었다. 지난날 집현전 학자들이 우리 동방의 글을 뽑아 『동방문수』 몇 권을 만들었는데, 뒤에 김종직이 이것을 보고 옳게 여겼다. 그러나 그중에도 잘못이 없지 않으므로 더하고 빼는 작업을 하고, 또 근래의 작품을 넣기도 했다. 무릇 문(文)이란 이(理)를 중심으로 삼아야 하는 것이니, 이것을 무시하고 한갓 기교에만 급급하여 아로새기고 수놓는 것을 훌륭한 솜씨로 여기고, 괴이하고 어려운 것을 신기하게 여기는 글은 모두 공이 취하지 않았다. 공은 오직 세상의 쓰임에 절실하고 의리에 밝은 글만 취하였다. 이 책 『동문수』는 취함과 버림이 공정하고 호번함과 간략함이 그 '중(中)'을 얻었으니, 후세에 길이 전해질 것이 틀림없다.

- 신종호 『속동문선』 「『동문수』의 발문[東文粹跋]」

편집은 중용(中庸)을 지키는 것이다

지나치게 크고 많은 것은 번잡하고 난잡하고 복잡하며, 지나치게 작고 적은 것은 단조롭고 납작하고 볼품없다. 편집은 넘치지도 모자라지도 않는 적절한 것, 어느 한쪽으로도 치우치지 않는 공정한 것이다.

편집은 호번함과 간략함 사이에서 '중(中)'을 얻는 것이다. '중(中)'은 엉거주춤 있다가 어물쩍 넘어가는 타협이 아니라, 흔들리고 떨리고 설레는 속에서도 매번 중심을 잡는 냉철한 균형감이다. 소 뒷걸음질 치다 쥐잡기하듯 어쩌다 건진 우연의 부산물이 아니라, 훌륭한 안목과 식견을 키우기 위한 길고도 질긴 시간을 견딘 훈련의 결과물이다.

아주 오래된 편집 매뉴얼 18

    편집은 간략함과 호번함 사이에서 '중(中)'을 찾는 것이다. '중(中)'은 딱 중간 지점을 기계적으로 찍는 어긋난 확신이 아니라, '나쁜 걸 가려내지 못하면 어떡하지' '좋은 걸 다 빠뜨리고 놓치면 어떡하지' 늘 의심하고 근심하는 애태움이다. 절대 지지 않고 절대 밀리지 않는 전투력을 갖추었다는 어설픈 안도감이 아니라, 언제 어디서 누가 물어도 왜 그런 결정을 내릴 수밖에 없었는지 합당한 이유와 근거를 댈 수 있도록 자신을 수련하고 연마하는 고도의 집중력이다.

    편집은 본래의 모습을 만들 주제와 소재, 자료와 재료를 충분히 마련하면서도 풍성한 것과 번거로운 것은 결코 같지 않음을 아는 일이다. 편집은 본연의 모습을 해칠 먼지와 욕심, 무지와 나태를 깨끗이 털어내면서도 담백한 것과 변변찮은 것은 전혀 다름을 아는 일이다. 편집은 점 하나도 더 보탤 수 없는 엄정함이며, 글자 하나도 더 뺄 수 없는 정밀함이다. 편집은 '중용(中庸)'을 지키는 것이다.

편집은
새로 고침이다

김종직(金宗直 1431~1492)은 조선시대의 문신·학자다. 자는 계온(季昷)·효관(孝盥), 호는 점필재(佔畢齋)이다. 문장에 뛰어나 많은 시문과 일기를 남겼다. 편집한 책에는 『동문수』 『일선지』 『이존록』 『동국여지승람』 등이 있다. 「『여지승람』의 발문[輿地勝覽跋]」은 김종직이 『동국여지승람』에 쓴 발문이다. 『동국여지승람』은 각 도의 지리, 풍속, 인물 등을 자세히 기록한 우리나라의 지리서다. 1481년(성종 12)에 50권을 완성하고, 이후에 여러 차례 수정 작업을 했다.

아주 오래된 편집 매뉴얼 19

이 글은 김종직이 「『여지승람』의 발문」에서 『동국여지승람』을 다시 교정하여 펴내라는 왕의 명령에 대해 쓴 것이다. 시간이 흐름에 따라 책의 내용을 수정 보완해야 한다고 말했다.

을사년(1485) 3월에 상(上 성종)께서 승정원에 명하여 『동국여지승람』 50권을 내보여주셨다. 상께서는 "이 책은 주요 사항들을 편집해 제시하고 겸하여 시문(詩文)까지 널리 구해 기록해놓았으니, 참으로 국가의 유익한 문헌이다. 그러나 그사이에 산천(山川)과 옛 자취에 관한 것들이 더러 빠져 있고, 여러 작품 중에는 거칠고 잡스러운 것도 많이 섞여 있으니, 다시[更] 교정하여 책이 정밀하고 합당해지도록 하라. 그 범례는 일체 『대명일통지』를 본받도록 하라."고 하셨다.

- 김종직 『점필재집』 「『여지승람』의 발문[輿地勝覽跋]」

/

편집은 새로 고침이다

지킴 없는 변화는 변질이고, 변화 없는 지킴은 아집이다. 편집은 변한 생각을, 변한 세상을 새롭게 인지하고 인정하여, 변치 않는 신념을, 변치 않는 가치를 끝끝내 지켜내는 일이다. 편집은 지극한 변화가 내포된 지킴이다. 늘 같은 자리를 지킨다는 것은 아무 생각 없이 어제도 하던 걸 오늘도 되풀이하는 게으름이 아니라, 끝없는 공부와 노력이 필요한 부지런함이다. 편집은 지극한 지킴이 포함된 변화이다. 늘 새롭다는 것은 무조건 무엇이든 새것으로 바꿔치기해야 직성이 풀리는 정신없음이 아니라, 변함없는 신의와 신뢰가 필요한 진중함이다.

편집은 '다시[更]' 더하고 빼고 깁고 엮고 다듬고 매만져, '다시[更]' 손보아, '다시[更]' 빛 보게 만드는 고마운 일이다. 편집은 개정 증보판을 만드는 것이다. 용서를 구하는 마음으로 오류를 수정하고, 완벽을 기하는 마음으로 흠결을 보완하고, 존경을 표하는 마음으로 책의 안팎을 다시 단장하는 것이다.

편집은 시간이 지나면서 흐려지는 기준과 원칙을 잊지 않기 위해 마음을 새로 고쳐먹는 용맹함이다. 시간이 지나면서 생기는 새로운 상황과 현상을 놓치지 않기 위해 자세를 새로 고쳐 잡는 현명함이다. 시간이 흘러 발견되는 과실과 실수를 남김없이 바로잡는 엄격함이다. 시간이 흘러 발생하는 변화와 변수를 빈틈없이 따라잡는 근면함이다. 편집은 '새로 고침'이다. 그때는 틀리고 지금은 맞는 것, 그때는 맞고 지금은 틀린 것을 다시금 새로 고쳐놓는 일이다.

편집은
'이미'가 아니라 '아직'의 이야기다

홍길주(洪吉周 1786~1841)는 조선시대의 학자다. 자는 헌중(憲仲), 호는 항해(沆瀣)·현산자(峴山子)이다. 평생 독서와 글쓰기에 힘썼고, 『현수갑고』『항해병함』『숙수념』등을 남겼다. 『수여난필속』은 홍길주의 아들 홍우건이 아버지의 글을 정리한 글모음이다. 홍길주의 『수여방필』『수여연필』『수여난필』『수여난필속』 4부작 중 하나다.

아주 오래된 편집 매뉴얼 20

 이 글은 홍길주가 『수여난필속』에서 새로운 책을 만드는 일에 대해 쓴 것이다. 구름과 바다 사이에 아직 세상에 나오지 않은 책이 많다고 말했다.

 구름과 바다 사이에 있는 수억만 권의 책은 대부분 아직[未] 저술되지 않은 것이다. 이는 천하의 재주와 학식, 지혜와 언변을 갖춘 사람들을 널리 모아 함께 노력해야 할 일이다. 나는 늙었으니 어찌해야 매우 총명한 사람을 얻어 이것에 대해 말할 수 있을까?

 - 홍길주 「수여난필속」

편집은 '이미'가 아니라 '아직'의 이야기다

 도대체 뭘 또 만들 수 있나? 쓸만한 책은 이미 다 나온 것 같은데, 볼만한 책은 이미 다 나온 것 같은데, 팔릴만한 책은 이미 다 나온 것 같은데, 나올만한 책은 이미 다 나온 것 같은데…. 그러나 편집은 '이미[旣]'가 아니라 '아직[未]'의 이야기다. 꼭 필요한데 아직 나오지 않은 것에 대한 아쉬움, 꼭 있어야 하는데 아직 나오지 못한 것에 대한 안타까움, 이제 좀 팔릴 것도 같은데 아직 완성하지 못한 것에 대한 답답함, 사람들이 퍽 보고 싶어 하는데 아직 만들지 못한 것에 대한 미안함이 바로 편집이다.

편집은 '이미' 있는 것, 이미 성공하고 성취한 것, 이미 도달하고 달성한 것에 기죽거나 짓눌리거나 낙담하지 않고, 젊고 낯설고 새로운 것을 만들어내는 모험심과 호기심이다. '아직' 없는 것을 더듬어 찾고, 아직 보이지 않는 것을 살뜰히 살피고, 아직 오지 않은 미래를 정성껏 준비하고 대비하는 부지런함이다.

모든 곳에 책이 있고, 모든 것이 책이 된다. 편집은 구름과 바다 사이에 가득한 눈물과 한숨, 가르침과 깨달음을 감각하는 세심함이다. 사춘기, 성장통, 갱년기, 나이 듦… 생의 고비마다 만나는 모든 것을 통렬히 앓아, 알아가는 서글픔이다. 아침노을, 나뭇잎, 공기, 물… 삶의 길목마다 만나는 모든 것이 책이 되길 바라는 간절함이다. 편집은 몸을 관찰하고 자연을 통찰하고, 삶을 관통하고 자신을 성찰하는 것이다. 새로운 시대가 새로운 문제에 부딪히면 새로운 세대가 새로운 책으로 응답한다. 새로움에 대한 오래된 기대와 기다림이 새로운 고민과 해묵은 난제를 해결하고 해소한다. 편집은 무궁무진하다.

편집은
'만약 나라면'을 생각하는 것이다

정약용(丁若鏞 1762~1836)은 조선시대의 문신·학자다. 출중한 학식과 재능을 바탕으로 정조의 총애를 받았다. 신유사옥 후 전라남도 강진으로 유배되었는데, 그곳에서 독서와 저술에 힘을 기울여 학문 체계를 완성했다. 「두 아들에게 부침[寄二兒]」은 정약용이 유배지에서 두 아들에게 쓴 편지다. 정약용은 이만운의 역사서 『기년아람』의 오류를 지적했다.

이 글은 정약용이 「두 아들에게 부침」에서 『기년아람』의 단점에 대해 쓴 것이다. 만약 자신이라면 열흘 안에 『기년아람』을 읽기 편하게 재편집할 수 있다고 말했다.

> 나도 처음에는 『기년아람』을 좋은 책이라 생각했다. 그런데 지금 자세히 살펴보니 들은 만큼 좋지는 못하구나. 이는 『기년아람』을 저술한 사람의 마음이 해박함을 자랑하는 데 있고, 실용적이며 실리적인 하나의 기준을 세우지 못했기 때문이다. 따라서 내용이 번잡하면서도 핵심이 적고, 간략하면서도 쓸데없는 것이 많다. (중략)
> 『기년아람』은 글자마다 흠이 있고 구절마다 하자가 있으니 이루 다 지적할 수 없다. 이를 요령 있게 편집한다면 읽기에 편리하게 한두 권 분량으로도 만들 수 있을 것이다. 내가 돌아가서 정리한다면 열흘의 공력이면 될 것이다.
>
> — 정약용 『다산시문집』 「두 아들에게 부침[寄二兒]」

편집은 '만약 나라면'을 생각하는 것이다

"내가 돌아가서 정리한다면 열흘의 공력이면 될 것이다."라는 말은 다른 사람의 능력을 함부로 재단하고 평가하라는 말이 아니다. 나라면 이것을 어떻게 할지 다시 기획하고 구성해보아야 한다는 뜻이다. 그래야 안목이 생긴다. 안목은 다른 사람의 좋은 점을 보고 생기기도 하지만, 오류를 보고 만들어지기도 한다. 다른 사람이 저지른 실수마저도 나를 훈련시키는 좋은 도구가 될 수 있다.

편집은 '만약 나라면'을 생각하는 것이다. 편집력은 다른 사람이 편집한 책을 보면서 만약 나라면 어떻게 했을까 생각해보는 상상력이다. 편집은 이것은 왜 이렇게 했을까, 또 저것은 왜 저렇게 했을까 시시콜콜 따지면서 구석구석 다시 고쳐보는 부지런함이다. 만약 나라면 어떤 기준과 원칙으로 편집할지, 만약 나라면 얼마만큼의 분량으로 편집할지, 만약 나라면 며칠이나 걸려 편집할지 생각해보는 오지랖이다.

편집은 만약 나라면 이 책을 어떻게 만나고 만지고 만들지 요목조목 짚어 지적하는 일이다. 편집은 많이 보고, 많이 생각하고, 많이 상상하는 것이다. 그런데 이때도 뒤죽박죽이면 소용없다. 기준과 맥락이 없으면 보고 들은 것이 많을수록 얽히고설켜 아무짝에도 쓸모없는 불평불만이 될 뿐이다.

편집은 뒤죽박죽으로 엉킨 것들을 하나의 기준에 따라 분석하고 분류하는 고도의 기술이다. 최대한 혼동을 줄이고 혼선을 방지하는 것이 편집력이다. 실용적이고 실리적인 원칙을 세우고, 그 원칙에 따라 책 전체를 정비하는 것이 편집이다. 뒤죽박죽 섞인 글에 계통을 세우고 지키며, 갈래를 만들고 지키는 것이 편집이다. 용어를 통일하고, 기호를 통일하고, 어감과 톤을 통일하고, 어투와 분위기를 통일하는 것이 편집이다.

편집은 불필요한 군더더기를 처리하는 단순 업무를 훨씬 뛰어넘는 작업이지만, 깔끔한 정리와 오류 수정은 꼭 필요한 일이다. 편집은 뒤죽박죽이던 것들의 제자리를 찾아주는 작지만 확실한 정리력이다. 제목과 소제목, 주석과 각주, 머리말과 쪽 번호까지 각각의 자리에서 자신의 소임을 다할 수 있도록 돕는 것이 편집자의 역할이다. 편집은 체계적인 분류와 합리적인 배치, 섬세한 관찰과 부지런한 점검이 필요한 종합예술이다.

편집은
세 가지 기쁨을 얻을 수 있는 기회다

유중교(柳重敎 1832~1893)는 조선시대의 학자. 자는 치정(穉程), 호는 성재(省齋)이다. 이항로를 스승으로 섬겼다. 「연거만지(燕居謾識)」는 유중교가 다양한 주제에 대해 평소의 생각을 적은 글이다. 그중에서 다른 사람에게 나의 허물을 지적받는 세 가지 기쁨에 대해 쓴 부분이다.

이 글은 유중교가 「연거만지」에서 '삼가희(三可喜)'에 대해 쓴 것이다. 다른 사람에게 잘못을 지적받는 것은 슬픈 일이 아니라 기뻐해야 할 일이라고 말했다.

남이 나에게 잘못이 있다고 일러주면 기뻐해야 할 이유가 세 가지 있다. 첫째는 나에게 잘못이 있음을 알게 되어 고칠 수 있는 것이고, 둘째는 남이 나의 잘못 때문에 잘못되지 않았다는 것이며, 셋째는 남이 나를 일러줄 만한 사람으로 여겨 일러주었다는 것이다.

- 유중교 『성재집』 「연거만지(燕居漫識)」

편집은 세 가지 기쁨을 얻을 수 있는 기회다

어느 날 오랫동안 어린이와 청소년을 위해 글을 쓰신 작가님에게서 오탈자를 지적하는 메일이 왔다. 친절하고 간곡하지만 곳곳에 아프고 쓰린 말이 담겼다. "이번에 출간하신 『○○○』를 잘 읽었습니다. 좋은 책이고 특히 청소년들에게 유용한 책인 것 같습니다. 그런데 몇 쪽 몇째 줄 표현은 잘못되었습니다. 수정 부탁합니다."

책을 사고, 읽고, 잘못된 부분을 찾고, 무엇이 바른지 일러주기 위해 자신의 시간과 노력을 아끼지 않는다. 그 열정과 부지런함에 탄복하게 된다. 무엇이 그 작가님을 움직이게 만들었을까 생각해본다. 실수를 곱씹을수록 화들짝 놀라 정신이 번쩍 든다.

'아! 내가 이런 분들을 위해 책을 만들고, 이런 분들과 함께 책을 읽고, 이런 분들과 함께 살고 있구나.' 하는 생각에 젖는다. 빨리 다음 쇄를 찍어 잘못을 바로잡을 길이 생기기를 간절히 바라야 하는 답답한 노릇이지만, 이런 연락을 받으면 낯이 화끈화끈하도록 창피하면서도 '말해봐야 소용없는' 사람이라고 여기지 않은 것 같아 어쩐지 안도감 비슷한 것이 밀려온다.

처음부터 책에 오류가 없었다면 좋았겠지만, 누군가 잘못을 지적해주는 이가 있다는 것은 너무나 고맙고 기쁜 일이다. 얼마든지 한심하다고 최악이라고 내팽개칠 수도 있었는데, 오히려 말을 고르고 골라 쓴소리를 달게 하려고 애쓰는 모습에 더욱 몸 둘 바를 모르게 된다. 가슴 한 귀퉁이가 따끔따끔하면서도 따뜻했다.

남으로부터 잘못을 지적받는 것은 괴로운 일이다. 불쑥 화가 난다면 그 마음부터 고쳐먹어야 한다. 잘못이 있다면 잘못을 지적하는 사람을 원망할 일이 아니라 자신을 원망해야 한다. 편집은 나의 잘못을 듣는 기쁨이며, 새로움으로 가는 출발점이다. 편집은 늘 케케묵은 완고한 틀을 깨고 새로움을 만들어내는 일이기 때문이다.

편집 오류를 지적받는 것은 세 가지 기쁨을 얻을 수 있는 기회다. 잘못을 지적받아 고칠 기회를 얻는 일이며, 나의 오류가 다른 사람에게 악영향을 끼치지 않는 다행한 일이며, 이것만 고치면 그런대로 괜찮은 책이라 여겨 일러준 것이기에 기쁜 일이다.

편집은 책이 나오기 전에도 고치고 또 고치는 일이지만, 책이 나오고 난 후에도 여전히 고치고 다듬고 관찰해야 하는 일이다. 편집은 늘 언제까지나 고치는 일이다. 책이 나왔다고 해서 편집자의 일이 끝나는 법은 없다. 편집은 영원히 끝나지 않는 두려운 일이며, 그래서 영원히 끝나지 않는 기쁜 일이다.

편집은
분량을 정하는 것이다

정약용(丁若鏞 1762~1836)은 조선시대의 문신·학자. 유배 후 여러 곳을 옮겨 다니다가 1808년 다산에 정착했다. 다산초당에 10년을 머물면서 연구와 저술에 힘썼다. 「중씨께 올림[上仲氏]」은 1811년 겨울 정약용이 둘째 형 정약전(丁若銓 1758~1816)에게 쓴 편지다. 어린이들의 한자 교육을 위한 책인 『소학주관』과 『아학편』에 대해 의논했다.

아주 오래된 편집 매뉴얼 23

이 글은 정약용이 「중씨께 올림」에서 어린이 한자 학습서의 형태와 내용에 관해 쓴 것이다. 편집 구성에는 좀 억지스럽더라도 통일성을 갖는 것이 필요하다고 말했다.

『소학주관』은 제가 어린아이들을 위하여 지은 책입니다. 사람들의 말을 들으니 형님께서도 이러한 문자(文字)를 편집하신다고 하던데, 한 집안에서 두 개의 책을 낼 필요는 없습니다. 이쪽 책으로 사용하는 것이 어떨지 모르겠습니다. 『소학주관』의 예문이 비록 쓸데없이 긴 듯하나, 어린아이들이 외우려면 이와 같이 하지 않을 수 없습니다. 또 그 방법은 10단위로 한도를 삼았기에 혹 구차스럽게 채운 것도 있고 혹 억울하게 빼놓은 것도 있습니다. 그러나 세상에 통행되는 문자란 이렇게 하지 않으면 행해지지 않는 법입니다.

형님께서 지으신 『몽학의휘』가 어찌 정밀하고 훌륭하지 않겠습니까마는, 제가 편집한 『아학편』 2권은 2천 글자를 한도로 하였습니다. 상권에는 형태가 있는 물건에 관계되는 글자를, 하권에는 형태가 없는 개념에 관계되는 글자를 수록하였습니다. 『천자문』과 같이 여덟 글자마다 1개의 운을 달았습니다만 어떨지 모르겠습니다.

- 정약용 『다산시문집』 「중씨께 올림[上仲氏]」

편집은 분량을 정하는 것이다

어린아이를 위해, 쉽게 기억하고 외우기 위해, 세상에 통행되기 위해…. 편집은 내가 지금 누구를 '위해' 이 책을 만드는 것인지 아는 영민함이다. 그 목표를 달성하기 위해 모든 것을 일사불란하게 움직이는 민첩함이다.

편집은 분량을 정하는 일이다. 어린아이를 위한 책이니 2,000자 범위 안에서 만들어야 하고, 기억하기 쉽도록 계통 있게 정리해 만들어야 한다. 10씩 묶느라 넘치면 좀 아까워도 자르고, 모자라면 좀 구차해도 채우며 만들어야 한다. 분량을 정하는 일이 편집의 출발점이고, 분량을 지키는 일이 편집의 종착점이다. 분량을 제대로 지키지 못하면 아무리 잘하고 아무리 잘나도 그 책은 불량이다.

분량을 정하는 일은 그저 아무렇게나 하는 것이 아니라 오랜 경험과 섬세한 감각이 있어야 가능한 가장 프로다운 영역의 일이다. 분량은 단순히 책의 쪽수가 아니라 해야 하는 것과 할 수 있는 것의 간극을 줄이고, 보여주고 싶은 것과 볼 수 있는 것의 격차를 줄이는 가장 까다로운 편집의 핵심이다. 분량은 이 책이 어디로 향할지 아는 사람, 전체를 아우를 수 있는 사람, 책의 흐름을 만들 수 있는 사람, 책의 생애 주기를 꿰뚫고 있는 사람, 책과 사람의 관계 맺음을 이해하고 있는 사람

아주 오래된 편집 매뉴얼 23

만이 정할 수 있는 어떤 무엇이다.

    편집은 분량을 정해 형식을 만들고, 형식을 정해 내용을 만들고, 내용을 정해 만듦새를 만들고, 만듦새를 정해 책의 정체성을 만드는 일이다. 편집은 현명하게 분량을 정하고 우직하게 분량을 지키는 일이다. 분량은 제약 조건인 동시에 제작 방향이다. 분량 조절은 억지로 끼워 맞추는 무지막지함이 아니라 세상과 만나는 지점을 고민하는 섬세함이다. 편집은 이와 같이 하지 않을 수 없음을 아는 현명함이며, 이제 더 이상 어쩔 수 없음을 아는 용감함이다. 편집은 책의 대상을 설정하고, 책의 대상은 책의 분량을 결정하고, 책의 분량은 책의 본질을 규정한다.

편집은
책의 물성을 부여하는 일이다

이덕무(李德懋 1741~1793)는 조선시대의 실학자다. 자는 무관(懋官), 호는 청장관(靑莊館)·형암(炯菴)·아정(雅亭)·선귤당(蟬橘堂)·단좌헌(端坐軒)·사이재거사(四以齋居士)·주충어재(注蟲魚齋)·학상촌부(鶴上村夫)·학초목당(學草木堂)·향초원(香草園)·한죽당(寒竹堂)이다. 『청장관전서』를 남겼다. 「책장이 가볍고 얇은 것[冊葉輕薄]」은 이덕무가 우리나라 사람들이 크고 무거운 책만 좋아해서 낭비가 많다고 지적하는 글이다.

아주 오래된 편집 매뉴얼 24

 이 글은 이덕무가 「책장이 가볍고 얇은 것」에서 책의 외형과 수명에 대해 쓴 것이다. 책을 묶는 법, 책을 다루는 법, 인쇄용지를 아끼는 법, 책값이 비싼 이유 등을 말하면서 사람들에게 책이 어떤 모습으로 다가가는지 짚어냈다.

 책장은 가볍고 얇아도 나쁠 것이 없는데, 우리나라 습속이 무겁고 두꺼워야 좋은 책으로 여긴다. 그렇다면 옛 죽간(竹簡)이나 목찰(木札)을 쓸 것이지, 어찌하여 종이같이 편리한 것을 취하여 책을 만드는가? 무겁고 두꺼운 것을 좋아하다 보니 책 한 권은 어린아이가 들 수도 없을 정도로 크고, 『강목』은 말 한 마리에 싣기도 어렵고, 『시경』『서경』『예기』『악기』『역경』『춘추』『논어』'칠경'은 좁은 방에 다 들어가지도 않는 형편이다. 책이 무거우므로 감히 그 책을 보관할 함(函)을 만들지 못하고, 함이 없으므로 분실하기 쉽다. 또한 아침에 새로 묶은 책이 저녁에는 벌써 약주머니가 되어 있고, 어제 갖게 된 책이 오늘 이미 벽지가 되어 있다. 책이 당하는 재앙을 어찌 다 말할 수 있겠는가?
 책을 묶을 때는 다섯 개의 구멍을 뚫어 거문고 줄처럼 질긴 끈으로 묶는다. 또 책의 앞뒤 표지는 풀을 발라 여러 겹으로 붙여 가죽처럼 튼튼하게 만든다. 책을 이렇게 견고하게 만드는 이유는 자자손손 전하기 위한 것이지만, 실상은 만든 즉시 먹물과 기름에 더럽혀지고 찢기고 망가져 오래가지 못한다.

사람들은 늘 "당나라의 책은 찢어지기 쉽다."고 말하곤 한다. 그러나 일찍이 내가 중국의 어린아이가 공경스럽게 책을 다루는 것을 보았는데, 『논어』와 『맹자』를 아침저녁으로 펼쳐서 읽어도 책이 항상 새것 같았다. 어린아이가 이와 같으니 어른들은 어떠할지 짐작할 수 있을 것이다. 그러므로 책의 수명은 사람이 정성스럽게 다루느냐 거칠게 다루느냐에 달린 것이지 책장의 두께에 달린 것이 아니다.

인쇄용지를 대·중·소 3종류로 마련해 종이 생산지와 제작 공장(工匠)에 견본으로 나누어주되, 아주 얇고 희게 한 다음 인쇄하게 하면 제지가 지나치게 많이 나오는 폐단이 없어질 것이다. '제지(歸紙)'란 책의 가장자리를 가지런하게 잘라내고 남은 종이 부스러기를 말한다. 책의 세 면을 잘라내는 제지로 인해 생기는 이익은 제본하는 사람에게 부당하게 돌아갈 뿐이니, 이것은 하늘이 주신 소중한 물건을 낭비하는 일이다.

책이 크면 무게가 많이 나가고, 무게가 많이 나가면 책값이 비싸진다. 책값이 비싸지면 책이 제대로 보급되지 않고, 그에 따라 책을 읽거나 소장하는 데 큰 어려움을 겪게 된다. 하물며 책을 몹시 좋아하는 벽(癖)이 없거나 부지런히 책을 읽지 않는 선비에게야 어찌 남아날 수 있겠는가?

- 이덕무『청장관전서』「책장이 가볍고 엷은 것[冊葉輕薄]」

편집은 책의 물성을 부여하는 일이다

내용은 외형을 만났을 때 실현되고, 외형은 내용을 만났을 때 실재한다. 편집은 책의 구조와 구성, 느낌과 여운을 만들고 책의 무게와 크기, 질감과 색감을 만드는 일이다. 편집은 사람들이 만지고 쓰다듬고 감각하고 간직할 수 있는 책의 실체를 빚는 일이다. 골격을 튼튼하게 만들고, 신경을 촘촘하게 연결하고, 장기를 구석구석 배치하고, 피부를 매끈하게 만드는 품이 많이 드는 복잡하고 힘든 일이다. 그런 편집 덕분에 마침내 책은 피가 돌고 살이 돋아 우리 앞에서 다양한 표정을 짓고 여러 이야기를 풀어내는 그 무엇이 된다.

편집은 무형의 지적 자원을 유형의 물적 자원으로 변모시키는 수고와 노고다. 어떤 책을 만들 것인가? 어떤 책이 좋은 책인가? 나만의 원칙과 기준 없이 무조건 무겁고 두꺼운 책, 어렵고 고상한 책, 남 보기에 그럴듯한 책을 좋다고 여기는 허영과 허세만으로는 좋은 책을 만들 수 없다. 내가 들지도 못할 육중한 것, 내가 소화하지도 못할 딱딱한 것, 내가 읽지도 못할 둔탁한 것… 결국, 책이 아니라 그저 꽂아놓고 감상할 것, 늘어놓고 으스댈 것, 쌓아놓고 자랑할 것이 만들어질 뿐이다.

　책의 외형만큼 내용도 소중하고, 책의 내용만큼 외형도 중요하다. 편집은 무작정 겉모습을 치렁치렁 주렁주렁 꾸미고 치장하는 일이 아니라, 안과 밖이 서로 꼭 맞는 맵시 좋은 모양새를 만드는 정직함이다. 무겁고 두꺼운 책 뒤에 숨어서 근거 없이 우쭐대는 허울 좋은 근엄함과 엄숙함을 가볍고 유쾌하게 잘라내는 충직함이다.

　편집은 어떤 구도를 짤 것인지, 어떤 종이를 쓸 것인지, 어떤 장정을 선택할 것인지, 생각하고 실행하는 행동력이다. 편집은 책의 외형을 고민하는 일, 책의 물성을 부여하는 일이다.

편집은
한 글자에 벌벌 떠는 것이다

송준길(宋浚吉 1606~1672)은 조선시대의 문신·학자다. 자는 명보(明甫), 호는 동춘당(同春堂)이다. 『어록해』의 교정에 참여하고 발문을 썼다. 「남운로에게 줌[與南雲路]」은 송준길이 남구만에게 1671년에 쓴 편지다. 운로는 남구만의 자(字)이다. 『어록해』의 발문에 대한 의견을 구했다. 『어록해(語錄解)』는 중국 송나라 때의 『어록』을 우리글로 풀이한 책이다.

아주 오래된 편집 매뉴얼 25

이 글은 송준길이 「남운로에게 줌」에서 『어록해』의 발문을 수정하면서 발생한 오탈자에 대해 쓴 것이다. 여러 사람이 함께 보았는데 어떻게 이런 일이 생겼는지 알 수 없다고 탄식했다.

내가 보기에는 "어록해(語錄解)는 본래 중국의 속어다."라는 글귀의 '해(解)'는 분명히 연자(衍字)로 군더더기네. 그때 여러 사람이 함께 살피고 바로잡았는데도 무슨 연유로 이렇게 되었는지 도무지 알 수가 없네. 참으로 한탄스럽네.

— 송준길 『동춘당집』 「남운로에게 줌[與南雲路]」

/

편집은 한 글자에 벌벌 떠는 것이다

『어록해』의 발문에 "어록(語錄)은 본래 중국의 속어다."를 "어록해(語錄解)는 본래 중국의 속어다."로 잘못 썼다. '어록'을 '어록해'로 풀이해야지, '어록해'를 '어록해'로 풀이할 수는 없는 것이기 때문이다.

편집은 '연자(衍字)' 즉 군더더기 한 글자에 벌벌 떠는 일이다. 군더더기로 붙은 글자 하나에 글 전체의 뜻이 달라지고, 각도가 틀어지고, 긴장감이 떨어지고, 문장의 힘이 약해지고, 감동이 반감되고, 앞뒤가

뒤바뀌고, 맥락이 흐려진다는 것을 아는 일이다. 글자 하나의 위력을 아는 것이 편집력이다.

여럿이 여러 번 보았는데 어떻게 이런 일이 벌어졌는지 도무지 알 수 없는 때가 있다. 나 말고 누가 또 보겠거니, 아무개가 어련히 알아서 잘하겠거니… 하고 넘어가면 큰 사고가 일어난다. 나도 보고 또 보고, 다른 사람도 보고 또 봤는데 꼭 책이 나오고 나면 절대 못 볼 수 없는 곳에 보란 듯이 떡하니 오류가 앉아 있다. 귀신이 곡할 노릇이다. 책은 다시 만든다 해도, 이미 그것을 보아버린 독자들은 무슨 죄인가. 너무나 송구스럽고 미안한 일이다.

다 잘해놓고도 딱 한 글자 때문에 책이 엉망이 될 수 있다. 수만 수천 글자를 다 잘 교정해도 단 하나의 오류를 잡아내지 못하면 전체를 의심받고 전체가 부정당한다. 편집은 한 글자의 무게를 아는 것, 한 글자의 위험을 아는 것이다.

한 글자도 넘치지 않고, 한 글자도 모자라지 않는 것이 편집이다. 한 글자의 군더더기는 단순한 실수가 아니라 아프고 무겁게 받아들여야 할 심각한 결함이다. 실력이 부족하고, 관찰력이 부족하고, 집중력이 부족하고, 자신감이 부족하기에 군더더기가 붙는 것이다. 책의 방향을 정하고 책의 본질을 꿰고 있다면 군더더기는 자연스레 잘려 나

아주 오래된 편집 매뉴얼 25

가는 법이다. 군살을 빼야 몸이 가벼워지고 단단해지듯, 군더더기를 빼야 뜻이 선명해지고 책이 단단해진다.

    편집은 한 글자를 붙이고 떼는 것에 벌벌 떠는 쫄보의 위대한 일이다. 편집자는 한 글자의 어긋남이 위태로운 벼랑 끝 한 발짝의 어긋남과 같음을 아는 사람이다. 편집은 한 사람의 명예, 한 나라의 명운, 한 시대의 운명이 단 한 글자를 고쳐놓지 못한 불찰에서 빚어질 수 있다는 것을 아는 조마조마함이다.

편집은
자연스러운 아름다움을 추구하는 것이다

이익(李瀷 1681~1763)은 조선시대의 실학자다. 자는 자신(自新), 호는 성호(星湖)이다. 제자로는 윤동규·신후담·안정복·권철신 등이 있고, 그의 학문은 정약용에게까지 영향을 미쳤다. 「『반암집』의 발문[盤巖集跋]」은 이익이 정창문의 문집 『반암집』에 쓴 발문이다. 발문(跋文)은 본문의 내용이나 간행에 관계되는 사항을 간략하게 적은 글이다. 반암은 정창문의 호다.

아주 오래된 편집 매뉴얼 26

  이 글은 이익이 「『반암집』의 발문」에서 꾸미지 않은 글의 아름다움에 대해 쓴 것이다. 무언가를 더하고 덧칠하고 꾸민 것이 아니라 자연스러운 글이 아름답다고 말했다.

  내가 어렸을 때 어떤 훌륭한 문장가가 시(詩)에 대해 "무릇 기이하고 이상한 글을 써서 사람들을 놀라게 하는 데 힘쓰는 자는 반드시 그 안에 보존된 것이 부족한 사람이다."라고 말씀하신 것을 들은 기억이 있다. 나는 이 말을 듣고 깊이 생각해보았다. 시는 바로 말이 문장을 이룬 것이므로, 뜻이 깊고 표현이 아름다운 것을 귀하게 여긴다. 만일 채색을 현란하게 하고 솜씨를 부려서 사람들의 눈과 귀를 놀라게 하는 데 먼저 마음을 둔다면, 어찌 좋은 말을 얻지 못하는 정도에서 문제가 그치겠는가?

  시는 중국 당나라 때 이백과 두보가 활동했던 성당(盛唐)의 시기보다 더 아름다운 것이 없다. 성당 때 시를 살펴보면, 대부분 맑고 자연스러우며 담백하여 흠결의 흔적이 보이지 않았다. 그러나 차차 시간이 지나서는 격렬하게 요동치고 또 이리저리 굴곡진 시 짓기를 좋아하여, 저도 모르게 소리와 기운이 분노하고 허황되고 기괴하게 되니, 바르고 우아한 시(詩)에 죄를 짓게 되었다.

나는 평소 시(詩)의 깊은 경지를 잘 알지 못하므로, 사람들과 시에 대해 말할 기회가 있으면 단지 어렸을 때 들은 그 말씀에 기대어 말할 뿐이다. 그런데 내가 아는 사람 중에 힘써 날마다 시 읊기에 정성을 다하기를 늙어서도 그치지 않는 사람이 있으니, 바로 박종유다. 내 생각에 박종유는 시를 독실하게 좋아하고 시에 대해 깊이 깨달은 사람이다. 따라서 그는 그냥 가볍게 하는 말로도 남의 시를 함부로 칭찬하지 않을 것이다. 그런 박종유가 정창문의 『반암집』에 서문을 쓰면서 "시(詩)가 겉모습만을 꾸미지 않고 자연스럽게 저절로 이루어졌다."라고 칭찬하였다. 또 그는 정창문의 시를 시원한 솔바람과 우아한 거문고 소리에 비유하였다.

박종유의 서문을 읽고, 나는 미처 책을 다 보기도 전에 이미 『반암집』이 근본이 있어서 세속을 따라 잘난 척하지 않는다는 사실을 믿었다. 책상에 놔두고 세 번을 반복해 읽었다. 끝내 박종유의 평가에 흠잡을 것이 없었으니, 어찌 쓸데없는 군더더기 말을 덧붙이겠는가? 이에 삼가 책 뒤에 쓴다.

- 이익 『성호전집』「『반암집』의 발문[盤巖集跋]」

아주 오래된 편집 매뉴얼 26

편집은 자연스러운 아름다움을 추구하는 것이다

서문만 읽고도 좋은 원고라는 사실을 알게 된다. 하지만 책상 위에 놓아두고 한 번, 두 번, 세 번 읽는다. 믿을만한 사람의 추천이라면 읽기 전에 좋은 원고라는 사실을 믿게 된다. 하지만 책상 위에 놓아두고 한 번, 두 번, 세 번 읽는다. 편집은 한 번, 두 번, 세 번 반복하고 반복해서 읽는 일이다.

편집자에게 가장 큰 축복은 좋은 원고를 만나는 것이다. 할 일이 적어서가 아니라, 편집자의 가장 크고 중요한 역할은 그 무엇보다 좋은 원고를 찾아내 세상에 알리는 것이기 때문이다. 처음부터 완성도 높은 원고를 만나는 것이 편집자의 가장 큰 능력이다. 하지만 아무리 좋은 원고라도 적어도 세 번은 읽어야 한다. 그래야 좋은 글임을 확신하고 확인할 수 있기 때문이다.

어떤 원고가 좋은 원고인가? 좋은 원고는 쉽고 소박하고 담담한 것 같은데 읽을수록 흥이 나고, 빛이 나고, 맛이 난다. 가슴속에 든 것이 조금밖에 없는 작가의 글은 사람들을 깜짝 놀라게 할만한 무엇이 있어야 하는데 정작 쏟아낼 것이 없으니, 지나치게 꾸미고 쓸데없이 화려해진다. 그런 글은 언뜻 보기에는 좋고 멋진 것 같지만, 곱씹을 것이 없어 한 번, 두 번, 세 번 다시 읽을 수 없는 헛헛한 글이다.

옛날 중국에 말[馬]을 잘 판별하는 백락이라는 사람이 있었다. 그는 싫어하고 미워하는 사람에게는 천리마를 감정하는 법을 가르치고, 아끼고 사랑하는 사람에게는 늙고 병든 말을 골라내는 법을 가르쳤다고 한다. 사람이 살면서 천리마를 만날 일은 거의 없다. 하지만 늙고 병든 말을 골라내지 못해 겪는 황당함과 황망함은 일상생활에 그득하다. 적어도 이런 엉터리 말만 피할 수 있어도 얼마나 유용하고 근사한 능력인가. 편집자도 마찬가지다. 편집자는 굉장히 굉장하고 대단히 대단한 원고를 찾아 헤매는 대신 단지 기이하고 이상한 원고만 걸러내면 된다. 눈속임을 위해 요란한 방울을 달고 울긋불긋 치장을 한 늙고 병든 말을 골라내는 것처럼, 겉치레에 힘을 쏟은 이상하고 요상한 글만 걸러내면 된다.

좋은 글은 화려한 글이 아니라 당당하고 진솔하고 자연스러운 글이다. 편집은 밖으로 드러난 것이 아니라 안으로 숨은 아름다움을 찾는 것이다. 아무도 그 가치를 눈치채지 못하고 있을 때 그 은은한 빛을 알아보는 식견이다. 이것을 판별하고 감정하고 구별하고 알아보는 눈이야말로 편집자의 훌륭한 자질이다. 편집은 담백하고 좋은 글을 알아보는 식견이며, 담담하고 울림 있는 글을 알아보는 가슴이다. 편집은 소박하고 진솔한 글을 알아보는 눈이며, 요란한 겉치장에 쉽사리

아주 오래된 편집 매뉴얼 26

휘둘리지 않고 자연스럽고 아름다운 글을 알아보는 안목이다.

편집은
'사반공배(事半功倍)'하는 것이다

이덕무(李德懋 1741~1793)는 조선시대의 실학자다. 『도서집성』『국조보감』『대전통편』『규장전운』 등 규장각 서적의 정리와 교정하는 일을 했다. 「이낙서에게 주는 편지[與李洛瑞書]」는 이덕무가 이서구에게 쓴 편지다. 『규장전운』을 교정하는 과정에서 이서구에게 오전에 다 보고 돌려줄 것을 당부하는 부분이다. 『규장전운』은 이덕무를 중심으로 여러 사람이 교정한 운서다. '운서'란 한자를 운(韻)에 따라 분류한 책이다.

아주 오래된 편집 매뉴얼 27

 이 글은 이덕무가 「이낙서에게 주는 편지」에서 교정보는 일에 대해 쓴 것이다. 일은 절반으로 줄이고, 공은 곱절이 되도록 효율적으로 일해야 한다고 말했다.

 『전운(全韻)』의 초고 7장을 교열한 다음에 그곳으로 보내오. 꼭 상세히 보아 주(注)를 달고 만약 잘못된 곳이 있으면 다른 종이로 찌지를 붙여 표시해주시오. 간단명료함을 추구하면서 어떻게 완전무결한 진선진미(盡善盡美)를 바라겠소. 만약 일은 반으로 줄이고 공은 배가 되는 '사반공배(事半功倍)'의 방법을 얻는다면, 글을 만지다가 머리가 희었다는 나무람을 면할 것이니 어떻게 생각하시오. 한나절이면 충분할 것이니 사람을 보내면 즉시 그 편에 부쳐 보내주시오. 여러 곳에 돌려 보여서 짧은 기일 내에 완성하면 그 얼마나 시원하겠소? (중략) 물레바퀴와 같이 잠시도 쉬지 않고 돌리려 하오. 7장을 지금 보내니 오전에 다 보아주기 바라오.

― 이덕무『청장관전서』「이낙서에게 주는 편지[與李洛瑞書]」

편집은 '사반공배(事半功倍)'하는 것이다

편집은 진선진미(盡善盡美), 완전무결함을 위해 끝없이 정진하는 간절함인 동시에 시간을 다투는 일은 쉽고 빠르게 해내는 간명함이다. 편집은 이 일이 한나절짜리 일인지, 달포짜리 일인지, 10년짜리 일인지 정확히 짚어내는 판단력이자 실행하는 행동력이다. 편집은 한계를 직시하고, 관리하며, 넘어서도록 독려하는 결단력이다. 어떤 단계가 되면 항시 느리고 더딘지, 어떤 계절이 되면 건강이 종종 말썽인지 미리 아는 선견지명이다.

열심히 하는 것은 기본이고, 효율을 높여야 한다. '효율'이란 꼼수를 부리고 게으름을 피우지 말자 정도의 헛헛한 다짐이나, 잠도 자지 않고 밥도 먹지 않겠다는 헛된 허세가 아니라, 모든 것을 최적의 상태로 운용하는 리듬감이다. 남들보다 쉽고 빠르고 정확해야 잘할 수 있고, 오래 많이 할 수 있다.

물레방아를 돌리듯 쉬지 않고 원고를 돌려 본다. 내가 하루 느긋하고 한 번 삐끗하면 뒤에 기다리고 있는 모든 것이 엉망진창이 된다. 누구 하나가 어긋나고 어그러지면 다른 사람들이 아무리 잘해도 소용없다. 편집은 여러 사람의 실력과 경험, 시간과 노력을 효율적으로 사용할 방도를 찾는 현명함이다. 편집은 책을 만드는 공정 각각의 독립성과 전문성을 고수하면서도 이 모두를 하나의 유기체로 융합시키는 결합력이다.

편집은 사반공배(事半功倍), 절반의 공력으로 곱절의 공적을 쌓는 방법을 찾는 애씀이다. 계획을 수립하고, 일정을 관리하고, 자원을 분배하고, 다른 사람과 협업하는 종합예술이다. 그러려면 출판계의 흐름이나 사회 이슈에 대해서도 박식해야 하고, 동료들의 장단점이나 출판사의 경영 방침과 회계 상황에 대해서도 빠삭해야 하고, 인쇄소와 제본소뿐 아니라 제작과 유통 전반까지 물고 물리는 전체 과정을 파악하고 장악해야 한다. 편집은 마치 오케스트라의 지휘처럼 전체를 조율하고 템포를 조정하는 예술적 행위다. 편집은 나의 능력뿐 아니라 남의 능력까지도 기꺼이 다 가져다 쓸 수 있는 리더십이다.

편집은
그리움이다

정조(正祖 1752~1800)는 조선시대의 제22대 왕이다. 규장각을 세워 많은 자료를 수장하고, 여러 서적을 간행했다. 「뇌연집서(雷淵集序)」는 남유용의 『뇌연집』에 정조가 쓴 서문이다. 남유용은 어린 세손(정조)을 무릎 위에 앉혀놓고 글을 가르쳤다.

아주 오래된 편집 매뉴얼 28

 이 글은 정조가 「뇌연집서」에서 스승 남유용을 향한 그리움에 대해 쓴 것이다. 감사의 마음을 담아 책을 만들고, 그 서문에 그리운 마음을 가득 표현했다.

 내가 세 살 때 황조(皇祖 영조)께서 여러 신하들 가운데 남유용 공을 선임하여 나에게 글을 가르치게 하셨다. 그해가 끝나기 전에 『효경』을 익히고 『소학』까지 배웠는데, 그것은 내가 영민해서가 아니라 공의 가르침이 성실했기 때문이다.

 공은 언제나 단정한 차림으로 강연 자리에 들어와 나를 무릎 위에 앉히고, 입으로는 일러주고 손가락으로는 쓰면서 음과 뜻을 깨우쳐주었다. 그는 늘 간절하고 정성스럽게 가르쳐주었고, 조금도 싫증 내거나 나태하지 않았다. 지금도 그때 일이 어슴푸레 기억난다. 그 이후로 6~7년 동안 나는 많은 것을 배웠다. 나중에는 공이 늙어 그 직에 더 있지 못했으나, 그런 중에도 그는 종종 내가 덕(德)으로 나아갈 수 있도록 도와주었다.

 공은 늘 내게 바른 것만 가르쳐주었는데, 내가 부족하고 어리석어 성학(聖學)의 경지에 오른 훌륭한 왕이 되지 못했다. 그러나 지금 내가 대강이나마 정의로운 의로움[義]과 사사로운 이익[利]을 구별할 줄 알고, 나라를 다스리는 치(治)와 나라를 어지럽히는 난(亂)이 어디서 갈라지는 줄 아는 것은 어릴 때 귀에 처음 들어온 그의 말 덕분이다. 그러니 어찌 그의 공로를 더럽힐 수 있겠는가?

내가 들으니, 공은 어린 시절부터 문장으로 이름이 높았고 벼슬길에 들어서는 요직을 두루 거쳐 결국 예문관의 맹주가 되었다. 그러나 공은 조용히 자신을 지키는 법을 알아 명예와 이익을 좇으려 하지 않았다. 일을 마치고 집으로 돌아가면 곧바로 문을 닫아걸고 책을 보았다. 혹 기분 좋게 술을 마시기도 했는데 흥취가 오르면 시 읊고 휘파람을 부는 것을 즐거움으로 삼을 뿐 부귀영화나 녹봉으로 마음을 어지럽히지 않았다. 비록 이 때문에 세상과 맞지 않기도 했지만, 그것만 보더라도 공의 소양이 어떠했는지를 알 수 있다. 무릇 스스로를 기르고 나서야 남을 기를 수 있는 법인데, 공은 황조께서 선임하신 뜻을 저버리지 않았고 나에게도 이만한 공로를 남겼으니, 그것이 어찌 뿌리 없이 될 수 있는 일이겠는가?

남유용 공이 세상을 떠난 지도 벌써 10여 년의 세월이 흘렀다. 이제 그가 그리워도 더 이상 그를 볼 수 없기에 공이 남긴 유고가 있는지 알아보라 했더니, 공의 집에 몇몇 편의 글이 남아 있었다. 가져다 읽어보니 내용이 아름답고 기운이 맑았으며, 논리가 정연하고 도(道)

에 어긋남이 없었다. 또 온화하고 고요한 멋이 풍겨나고, 억지로 기교를 부리거나 지나친 과장이 없었다. 조용히 공이 남긴 글을 보니, 과연 글을 보면 그 사람됨을 알기에 충분하다는 말의 뜻을 알겠다.

그는 썩지 않는 불후의 업적을 남겼는데, 집이 가난하여 유고를 인쇄할 수 없기에 내가 그것을 가져다 간행하도록 하였다. 아! 이것이 어찌 그의 공로에 보답하기에 충분한 일이겠는가? 부족하나마 옛날에 배웠던 그 따뜻한 정을 잊지 못해 그리워하는 내 마음을 이렇게 써서 책머리에 둘 뿐이다.

- 정조 『홍재전서』 「뇌연집서(雷淵集序)」

편집은 그리움이다

그리운 얼굴 다시 볼 수 없기에 그의 글을 어루만지고, 그리운 목소리 다시 들을 수 없기에 그의 글을 매만지고, 넘치게 받은 사랑 돌려줄 길 없기에 그와의 시간을, 사연을, 인연을, 곱씹는다, 편집한다. '편집'은 사무치는 그리움을 쓰다듬고 가다듬어 엮어내고 묶어내는 일이다.

편집은 그 사람 덕분에 내가 더 괜찮은 사람, 더 좋은 사람이 되고 싶었다는 가슴 뻐근한 고마움이다. 이미 많은 시간이 지났고 벌써 많은 이야기들의 물기가 말라가기에, 더 이상은 미룰 수 없다는 뜨거운 미안함이다. 때로는 열병처럼, 때로는 원망처럼, 때로는 기도처럼 딱 한 번만이라도 그 모습 보고 싶다는 간절한 그리움이다. 편집은 그의 글과 삶을 기억하고 기록하여 온전히 다음 세대에 들려주는 소중한 일이다. 그 사람과의 만남을 둘만의 관계에서 만인의 경험치로 세상에 널리 펼치는 멋들어진 일이다. 보고 싶고, 만나고 싶고, 이야기 나누고 싶은 그 마음을 가슴속 가장 빛나는 곳에 꽂아두는 아름다운 일이다.

편집은 보고픈 사람을 두고두고 만나는 일이고, 사랑하는 사람을 오랫동안 기억하는 일이며, 그리운 사람을 오래오래 그리워하는 일이다. 편집은 숨길 수 없는 슬픔이고, 더는 참을 수 없는 안타까움이며, 멈출 수 없는 기다림이고, 더는 보탤 수 없는 경외심이다. 편집은 그리움이다.

편집은
권력이다

『조선왕조실록』은 직필(直筆)로 공정하게 편찬되었다. 그러나 정치적 변화와 권력의 이동에 따라 실록을 수정하는 경우도 있었다. 『선조수정실록』『현종개수실록』『경종수정실록』 등이 그것이다. 이때도 전에 있던 실록을 없애지 않고 수정한 실록과 함께 보존했다. 「인조 21년 7월 13일 1번째 기사」는 1643년 이식과 심세정이 『선조실록』의 잘못된 곳을 보고한 일에 대한 글이다. 1623년 인조반정 이후에 『선조실록』을 수정해야 한다는 요청이 계속 있었다.

아주 오래된 편집 매뉴얼 29

이 글은 『선조실록』의 잘못된 부분에 대해 지적하고 있다. 광해군 시대에 편찬한 『선조실록』은 옳고 그름이 뒤바뀌었기에 바로잡아야 한다고 말했다.

> 이식과 심세정이 실록을 보관해놓은 적상 산성에서 돌아와 아뢰기를 "신들이 선묘조(宣廟朝 선조)의 실록을 명하신 대로 두루 열람하였습니다. 잘못된 곳을 뽑아 기록해서 따로 하나의 책을 만들어 역사를 편수할 때 검토하도록 하였습니다."라고 하였다. 선묘조의 실록은 혼조(昏朝 광해군)의 소인들 손에서 이루어져 옳고 그름이 뒤바뀌었기에 이를 바로잡자는 논의가 있었다.
>
> - 『조선왕조실록』「인조 21년 7월 13일 1번째 기사」

편집은 권력이다

편집은 힘이 세다. 편집력은 편집자가 중요하다고 찍은 방점을 따라 사람들의 머리와 가슴이 움직이도록 설득하는 힘이다. 편집자의 눈으로 세상을 보고, 편집자의 논리로 세상을 이해하고, 편집자의 가슴으로 세상을 느끼고, 편집자의 머리로 옳고 그름을 판단한다. 우리를 기꺼이 이해시키고 납득시키며, 자신의 소신과 믿음과 감각과 감수성을 관철시킨다.

편집은 권력이다. 있는 것을 없는 것처럼 만들 수도 있고, 작은 것을 큰 것처럼 만들 수도 있고, 뛰어난 것을 평범한 것처럼 만들 수도 있고, 중요한 것을 그저 그런 것처럼 만들 수도 있으며, 그 거꾸로 또한 얼마든지 가능하다. 누구에게나 유혹적이고, 어디서나 횡행하며, 어느 때나 반복되는 일이다. 권력은 편집을 통해 무엇이 옳은지, 무엇이 잘못되었는지, 무엇이 근사한지, 무엇이 형편없는지 보여주고자 애쓴다. 권력은 편집을 편집하려 한다.

하지만 편집 너머의 가치를 읽고, 의미를 캐고, 논리를 구축하고, 감성을 느끼는 독자들이 있다. 이것이 바로 책의 힘이자, 책을 읽어내는 사람의 힘이다. 권력은 호시탐탐 기회를 노려 자신의 힘을 과시하고 강제하고 행사하고 싶어 한다. 그러나 책은 권력이 저지르는 만행과 억지를 한없이 받아줌으로써 역설적으로 권력의 오용을 여실히 증거하고 심판한다. 책은 권력의 입맛대로 고스란히 남음으로써 오히려 치졸한 권력의 남용을 그대로 증언하고 고발한다.

덕분에 우리는 돌아볼 자료를 두 배로 얻고, 사유할 시간을 두 배로 얻는다. 권력은 우리에게 어떤 특정한 곳을 보게 하고 어떤 특정한

아주 오래된 편집 매뉴얼 29

것을 기억하라 악다구니를 쓰지만, 때가 되면 모든 것은 다시 제자리를 찾아간다. 권력은 당시에는 극심한 지각변동을 불러일으키는 것처럼 보이지만 그리 길지 않은 시간이 지나고 나면 그저 희미한 흔적으로 책에 남아 영원히 기록된다. 결국 편집은 모든 것을 다시 제자리로 돌려놓는 가장 자연스러운 일이다. 편집은 어떠한 권력도 함부로 침해할 수 없는 절대 권력이다.

편집은
부끄러움을 아는 것이다

홍길주(洪吉周 1786~1841)는 조선시대의 학자다. 자는 헌중(憲仲), 호는 항해(沆瀣)·현산자(峴山子)이다. 형은 대제학을 지낸 홍석주고, 동생은 정조의 사위인 홍현주다. 『수여연필』은 홍길주가 152항목에 걸쳐 붓 가는 대로 써서 글상자에 넣은 글모음이다. 그 중에서 성대중의 부끄러움에 대한 일화를 쓴 부분이다. 성대중은 문장이 뛰어나 정조의 사랑을 받았다.

아주 오래된 편집 매뉴얼 30

    이 글은 홍길주가 『수여연필』에서 성대중이 교정 오류를 지적받고 부끄러워한 일에 대해 쓴 것이다. 부끄러워 몸을 숨기다가 병풍에 부딪쳐 모자가 찌그러졌다고 말했다.

    성대중은 옛일에 밝은 선비다. 내각에 있으면서 간행된 책을 교정하다가 한 글자를 잘못 살펴 다른 사람에게 지적받은 일이 있었다. 그러자 문득 멍하니 기가 막혀 하면서 스스로 몸을 움츠리다가 병풍 모서리에 모자 끝이 부러진 것도 알지 못했다. 남에게 부끄러움을 타는 것이 이와 같았다.

- 홍길주 『수여연필』

/

편집은 부끄러움을 아는 것이다

    모자만 부러진 것이 아니라 자존심까지 부러졌다. 편집은 실수를 바로잡는 일이지만 그 과정에서 실수가 없을 수 없다. 편집은 단 한 글자의 실수에도 움츠러들고 위축되는 두려운 일이며, 단 한 번의 실수로도 치명상을 입을 수 있는 위험한 일이다.

    편집은 지금 내가 아는 것이 부분적이고 일시적이며 가변적일 수밖에 없다는 것을 아는 겸손함이다. 많이 알수록 자신이 모른다는 것을 알게 되고, 열심히 할수록 자신의 나약함에 직면하게 되고, 오래 할수록 자신의 단점을 숨기기가 어렵다는 것을 알게 되는 몹시 불운한 일이다.

편집은 나는 이것을 저것으로 잘못 알고 있던 사람이고, 저것은 이것으로 착각하고 있던 사람이라는 사실을 모두에게 알리는 어처구니없이 솔직한 일이다. 편집은 책과 하나가 되어 나의 머릿속과 가슴속을 훤히 보여주는 일이기에, 실수가 발각되면 어디라도 숨고 싶지만 어디에도 숨을 수 없는 난감한 일이다. 나의 실수 이력은 책으로 나와 만천하에 뿌려지고, 책으로 남아 오래도록 전해진다. 편집은 부끄러운 일이다.

부끄러움은 부끄러움을 아는 사람의 몫이다. 부끄러움을 모르는 사람은 부끄러움을 모르기에 부끄러운 일을 잘도 한다. 부끄러움을 잘 타는 사람은 부끄러움을 알기에 부끄러운 일을 하지 않도록 극도로 조심하고 경계하게 된다.

편집은 나의 지식과 교양과 취향뿐 아니라 나의 무지와 무감과 무의식까지 다 책에 쏟아내야 하는 야속한 일이다. 적당히 가리고 변호할 틈 없이 남김없이 발가벗겨지는 부끄러운 일이다. 그 부끄러움은

아주 오래된 편집 매뉴얼 30

한 번, 두 번, 열 번을 반복해도 결코 면역이 생기지 않는 생경한 뜨거움이며, 하면 할수록 낯 두껍게 뻔뻔해지는 법 없이 언제나 처음처럼 떨리는 생생한 초조함이다.

편집은 책에 부끄럽지 않기 위해, 독자에게 부끄럽지 않기 위해, 작가에게 부끄럽지 않기 위해, 나에게 부끄럽지 않기 위해, 오늘도 부끄러움으로 남게 될지 모르는 일을 하려 펜을 드는 용감함이다.

편집은
꿰맨 자국 없이 매끄러운 것이다

홍길주(洪吉周 1786~1841)는 조선시대의 학자다. 평생 독서와 글쓰기에 힘썼고, 형 홍석주와 박지원에게서 많은 영향을 받았다. 『수여연필』은 홍길주가 1835년 50세가 되던 해에 쓴 글모음이다. 『수여방필』『수여연필』『수여난필』『수여난필속』 4부작 중 하나다.

아주 오래된 편집 매뉴얼 31

이 글은 홍길주가 『수여연필』에서 글을 고치는 일에 대해 쓴 것이다. 읽기 쉬운 글이 되도록 글을 매끄럽게 고치고 다듬어야 한다고 말했다.

글 중에는 얼핏 읽으면 마치 별생각 없이 입에서 나오는 대로 쓴 것처럼 보이는 경우가 많다. 또 이따금씩 백번 천번 고치고 다듬어도 위태롭고 껄끄러워 겨우 글자나 얽은 것 같다가도, 막상 구절이 완성된 뒤에는 도리어 아주 매끄럽게 되어 괴롭게 고심한 자취가 보이지 않는 것도 있다. 〔나의 형님이신 홍석주 선생께서는 글을 다루는 사람이라면 몹시 괴롭게 힘을 쏟고 나서도 도끼로 깎아낸 흔적이 드러나지 않는 사람이 훌륭하다고 생각하셨다.〕 글을 읽는 자는 마땅히 찬찬히 살펴야지 읽기 쉽다고 소홀히 여겨서는 안 된다.

- 홍길주 『수여연필』

편집은 꿰맨 자국 없이 매끄러운 것이다

'천의무봉(天衣無縫)', 선녀의 옷은 꿰맨 자국이 없다. 조금도 꾸미거나 기교를 부린 흔적 없이 지극히 자연스럽다. 편집자는 천의무봉을 꿈꾼다. 철저히 준비하고, 처절히 깨지고, 충분히 인내할 때 자연스러움에 가까워질 수 있다. 편집은 꿰맨 자국이 보이지 않게 잇고, 잘라낸 자국이 보이지 않게 도려내는 것이다. 마치 처음 이 세상에 날 때부터 그렇게 태어난 것처럼 자연스럽고 매끈하고 반들반들하게 만드는 과정이다. 편집은 떫고 껄끄럽고 깔깔한 글을 덜고 갈고 지우거나, 조악하고 투박하고 흐리멍덩한 글을 닦고 조이고 기름칠하는 육체노동이다.

편집은 책의 모든 것을 관찰하고, 모든 곳을 장악하고, 모든 요소를 조정하는 조용하지만 강력한 힘이다. 편집은 책 속에 숨을 불어넣어 자연스러운 숨결을 만들고, 씨줄과 날줄을 교차해 매끄러운 촉감을 만드는 일이다.

편집은 간명한 언어로 복잡한 것을 설명하고, 쉬운 문장 구조로 본질을 꿰뚫고, 평범한 말로 새로운 세계를 펼치는 일이다. 복잡한 것을 복잡하게 내버려두고, 어려운 것을 어렵게 내버려두고, 새로운 것을 낯설게 내버려두는 것은, 아직 편집이 아니다. 빼어난 편집은 나도 이만큼은 쓰겠네, 이만큼은 하겠네, 이만큼은 만들겠네… 아무나 턱없이 무모한 호언장담을 하도록 내버려두는 포용력이다. 편집은 쉽고 만만한 책으로 만드는 고도의 전략 전술이다.

아주 오래된 편집 매뉴얼 31

　편집은 백번 천번 고심하고 고민해 고치고 또 고치지만 책에는 그 흔적이 조금도 드러나지 않는 은밀함이다. 너무나 쉬워서 아무렇게나 쓴 글처럼 보여, 누구나 아무 힘 안 들이고 너끈히 책을 보게 만드는 일이다. 편집은 만만한 책을 만드는 만만치 않은 여정이며, 자연스러운 책을 만드는 지독히도 힘겨운 일이다.

　편집자는 어떤 경우에도 절대 티 내지 않고 힘든 일을 척척 해내는 일꾼이다. 노련한 편집자는 자신의 존재를 말끔히 지우는 것으로 존재감을 드러내고, 얼치기 초보처럼 현란한 솜씨와 재빠른 손재주를 과시하기 위해 함부로 애쓰지 않는다. 편집은 누구보다 고난하게 일하지만 한마디 칭찬이나 찬탄도 탐하지 않는 절제력이며, 치기 어린 의욕이 글을 망치고 책을 어지럽히는 일이 없도록 자신을 다스리는 억제력이다.

편집은
부탁하는 것이다

안정복(安鼎福 1712~1791)은 조선시대의 문신·학자다. 자는 백순(百順), 호는 순암(順菴)·한산병은(漢山病隱)·우이자(虞夷子)·상헌(橡軒)이다. 『동사강목』의 초고를 완성한 후에도 20여 년간 수정·보완 작업을 계속했다. 「성호 선생에게 올린 편지[上星湖先生書]」는 안정복이 우리나라의 역사를 재구성한 『동사강목』을 쓰면서 성호 이익에게 가르침을 청하는 편지다. 「동사문답」에 들어 있다. 「동사문답」은 안정복이 『동사강목』을 완성하면서 여러 사람에게 쓴 편지를 모아둔 것이다.

아주 오래된 편집 매뉴얼 32

    이 글은 안정복이 「성호 선생에게 올린 편지」에서 이익에게 '패수'가 정확히 어디인지 묻는 부분이다. 압록강도 대동강도 아니라면 어떤 강을 말하는 것인지 알려달라고 부탁했다.

    '패수(浿水)'라는 명칭은 더욱 의심이 갑니다. 기자가 평양에 도읍을 정하자 위만이 동쪽으로 패수를 건너 서비에 거처하였으니, 이것은 지금의 압록강을 가리킨 듯합니다.
    『당서』에 "고려성의 남애가 패수다." 하고, 또 중국 남북조 시대의 지리학자 역도원은 "번사가 말하기를 '평양성은 패수의 양지쪽에 있다.'고 했다." 하였습니다. 물 북쪽을 양지쪽이라 하니, 이것은 지금의 대동강을 가리킨 듯합니다.
    우리나라 역사책에 "백제의 시조가 국경선을 정할 때 북쪽으로는 패수에 이르렀다." 하였는데, 해설자가 이것을 지금 평산의 저탄으로 여깁니다. 『수서』에 "내호아가 수군을 거느리고 바다를 건너 패수에 이르렀는데 평양과의 거리는 60리였다." 하였습니다. 이에 의거한다면 저탄을 가리킨 듯합니다. 그 아래 글에 "우문술 등 구군(九軍)이 압록수(鴨綠水) 서쪽에 모였다." 하였으니, 압록강이 패수가 아님이 분명합니다. 또 "평양과의 거리는 60리였다." 하였으니, 대동강이 패수가 아님도 분명합니다. 다시 가르침을 내려주실 것을 엎드려 빕니다.

- 안정복 『순암집』 「성호 선생에게 올린 편지[上星湖先生書]」

편집은 부탁하는 것이다

모르겠습니다, 도무지 갈피를 잡지 못하겠습니다, 부디 다시 가르침을 부탁합니다. 강 이름 하나, 산 이름 하나, 사람 이름 하나, 날짜 하나, 숫자 하나, 단위 하나, 쉼표 하나, 조사 하나에도 밤을 새우고, 자료를 뒤적이고, 그렇게 해도 끝끝내 확신할 수가 없어서 스승에게 다시 엎드려 가르침을 청한다.

편집은 부탁하는 것이다. 도움을 청하고, 글을 청하고, 가르침을 청하고, 감사를 전하고, 다음을 기약하고, 마음을 기탁하는 것이다. 편집은 끝없이 부탁하는 일이다. 조언을 부탁하고, 그림을 부탁하고, 글씨를 부탁하고, 디자인을 부탁하고, 인쇄를 부탁하고, 머리말을 부탁하고, 추천사를 부탁하고, 마침내 독자에게 책을 잘 읽어달라고 부탁한다.

편집은 의뢰하고 거래하고 처리하고 관리하는 것을 넘어서서 부탁하는 것이다. 더 좋은 책이 되기 위해 다른 사람의 손을 빌리고, 마음을 빌리고, 실력을 빌리는 일이다. 부탁은 나의 빈 곳을 채워줄 너를 향한 감사이다. 만약 신세를 갚을 일이 생긴다면 기꺼이 나의 마음을 다할 것이라는 다짐이다. 부탁은 우리가 함께일 수밖에 없다는 것을 아는 것이다. 부탁은 낮은 사람이, 없는 사람이, 부족한 사람이 하는 것이 아니라, 함께 하자고 손을 내밀 수 있는 사람만이 할 수 있는 가장 용감하고 품위 있는 겸손이다.

편집은 도무지 알 수 없는 것들을 알아야만 하겠다는 투지와 의지로 하는 것이다. 의문을 품고 확인하고, 물음을 품고 가르침을 청하고, 그래도 풀리지 않는 의문을 다시 엎드려 가르침을 청하는 겸칠김이다. 지금 당장 내가 확인하지 않으면 영원히 책에 오류로 남으니, 다시 묻고 다시 부탁하는 것이 부끄러워 망설인다면 어리석은 일이다. 편집은 무엇이 진짜 부끄러운 일인지 아는 부지런한 용기다. 책 앞에서는 그 어떤 질문도 부끄러울 것이 없고, 부탁하지 않고 묻지 않는 것이 오히려 게으르고 나약한 것이다.

편집은 당부하고, 간청하고, 부탁하고, 위탁하고, 위임하는 것이다. 편집은 책에 관한 일이라면 내가 아는 모든 사람에게 또 나를 아는 모든 사람에게 부탁하고 또 부탁하는 일이다. 편집은 좀 더 나은 책을 만들기 위해 쏟는 정성이며, 이러다가 오류투성이 엉터리 책이 되지나 않을까 남몰래 흘리는 식은땀이며, 책에 관한 것이라면 어떤 일이든 부탁하고 또 부탁할 수 있어야 한다고 스스로에게 부탁하는 신신당부이다.

편집은
먼지를 쓸어내는 것과 같다

이규경(李圭景 1788~1856)은 조선시대의 실학자다. 자는 백규(伯揆), 호는 오주(五洲)·소운거사(嘯雲居士)이다. 이덕무의 손자다. 「차서·구서·장서에 대한 변증설[借書購書藏書辨證說]」은 이규경이 책에 대해 정리한 글이다. '차서'는 책을 빌리는 것, '구서'는 책을 구입하는 것, '장서'는 책을 소장하는 것을 말한다.

아주 오래된 편집 매뉴얼 33

이 글은 이규경이 「차서·구서·장서에 대한 변증설」에서 책의 교정을 청소에 비유해서 쓴 것이다. 아무리 쓸어내도 먼지가 다시 생기는 것처럼 책의 오탈자 또한 완벽히 교정하기 어렵다고 말했다.

중국 송나라 때의 용도각 직학사(龍圖閣 直學士) 송민구는 "책을 교정하는 일은 마치 먼지를 쓸어내는 것과 같아서 쓸어도 쓸어도 다시 생기곤 한다."라고 말했다.
- 이규경 『오주연문장전산고』「차서·구서·장서에 대한 변증설[借書購書藏書辨證說]」

편집은 먼지를 쓸어내는 것과 같다

편집은 청소처럼 성가시고 수고스러운 일이며, 또한 청소만큼 꼭 필요하고 고마운 일이다. 좋은 편집은 우리 눈에 잘 보이지 않는다. 편집은 특별히 유난 떨지 않으면서 리듬과 흐름을 조용히 책에 심는 일이며, 편집자는 스스로 부여한 자부심과 책임감으로 자신의 존재를 묵묵히 책에 싣는 사람들이다. 그렇게 편집자는 드러나지 않는 것으로 드러나는 역설적인 존재들이다.

편집은 끝이 없다. 무엇이 더 좋은 것인지도 명확하지 않다. 그러나 우리는 안다. 누군가의 수고와 한숨과 땀방울에 빚지지 않고는 단 한 줄의 글도 세상에 나올 수 없다는 것을. 먼지는 어디나 내려앉는다. 아끼는 모자 위에도, 마시다 만 커피잔에도, 키보드의 작은 틈새에도, 어느새 멀어진 관계에도, 생각과 말 사이에도, 어제의 결심과 오늘의 게으름 사이에도…. 쌓이고 쌓인다.

삶은 청소를 훨씬 뛰어넘는 범주의 이야기지만 규칙적이고 세심한 정리 정돈이라는 바탕이 무너진다면, 그 어떤 삶도 건강함을 보장받을 수 없다. 편집은 교정과 교열을 훨씬 뛰어넘는 범위의 일이지만 정확하고 섬세한 교정이라는 기초가 무시된다면, 그 어떤 책도 독자의 사랑과 관심을 받을 수 없다.

고치고 고치고 또 고쳐도, 오탈자는 먼지처럼 쌓이고 쌓인다. 글자와 숫자 사이에도, 쉼표와 따옴표 사이에도, 본문과 주석 사이에도…. 돌아서면 어느새 종이 위에 무심히 내려와 앉는다. 편집은 쓸고 닦는 청소의 시간이다.

편집은
살려내는 일이다

장유(張維 1587~1638)는 조선시대의 문신·학자다. 자는 지국(持國), 호는 계곡(谿谷)·묵소(默所)이다. 이정귀·신흠·이식 등과 더불어 조선 한문학의 4대가로 불린다. 「지천집서(芝川集序)」는 장유가 황정욱의 『지천집』에 쓴 서문이다. 정치적 소용돌이 속에서 귀중한 원고가 사라질 뻔했다가 극적으로 살아난 사실을 기록했다. 지천은 황정욱의 호다.

아주 오래된 편집 매뉴얼 34

 이 글은 장유가 「지천집서」에서 『지천집』에 얽힌 사연에 대해 쓴 것이다. 훌륭한 글을 쓰는 것도 어렵지만 온전히 후세에 전해지는 것은 더 어려운 일이라고 말했다.

 내가 어렸을 때 문단 이야기를 많이 들었는데, 시(詩) 분야에서 명가를 일컬을 때는 늘 호·소·지를 거론하곤 했다. 호(湖)는 호음 정사룡을, 소(蘇)는 소재 노수신을, 지(芝)는 지천 황정욱을 말한다.
 나중에 커서 세 명의 시를 얻어 보게 되었다. 호음의 시는 짜임이 정교하고 치밀하며, 소재의 시는 기품이 웅장한 가운데 작품의 양이 많아 성대한 반면, 지천의 시는 2백 수(首)도 채우지 못하니 적막하기 짝이 없었다. 그러나 지천의 시를 보면 자유분방하면서도 훌륭하여 읽는 사람을 압도하고 놀라게 했다. 이것은 그가 독자적으로 이루어 낸 경지로 다른 두 명의 명가와 서로 겨룰만한 것이었다. 그러니 "시(詩)가 어찌 꼭 많아야 할 필요가 있겠는가?"라는 당나라 시인 두보의 말이 옳다고 해야 하지 않겠는가?
 지천 황정욱은 재능이 뛰어난 데다 학식도 깊어 일찍부터 이름을 크게 떨쳤으나, 임진년의 변란에 뜻하지 않은 화를 혹독하게 당해 귀양을 가게 되었다. 그 뒤 억울한 한을 미처 풀지도 못한 채 그만 세상을 뜨고 말았다. 그리하여 평생토록 저술한 것들도 거의 대부분 없어졌다. 오랜 시간이 흐른 뒤에 환관이 궐내에서 종이 몇 묶음을 얻어 어떤 사람에게 도배용으로나 쓰라고 내주었다. 그런데 마침 그 속에 지천의 원고가 들어 있었다. 공의 명성을 알고 있던 사람이 우연히 이를 발견하였는데, 비싼 값을 주고 찾아와 마침내 기록하여 남길 수 있게 되었다. (중략)

나는 문장이 매우 크고 중요한 일이라고 생각한다. 훌륭한 작품을 얻는 것도 쉽지 않지만 후세에 전해지는 것 역시 우연만으로 되는 일이 아니다. 가령 이 문집을 예로 들면, 없어져서는 안 될 내용을 담고 있으면서도 세상에 온전히 전해지지 못할 변고를 당하였다. 그런데 완전히 없어져 버릴 운명에 처했다가 요행히 다시 찾게 되면서 결국은 세상에 드러나게 되니, 마치 어떤 존재가 남몰래 도와주는 것 같다. 아! 이 또한 기이한 일이라 하겠다.

공의 문(文)은 남아 있는 원고가 시(詩)보다 더욱 적다. 그러나 글 하나만 보아도 뛰어난 필력으로 문장을 자유자재로 잘 짓는다는 것을 알 수 있다. 고기 한 점만 맛보아도 솥 전체의 국물 맛을 알 수 있는 것처럼 공의 글을 한번 음미해보면 누구나 그 경지를 알게 될 것이다.

- 장유 『계곡집』 「지천집서(芝川集序)」

편집은 살려내는 일이다

『송목관신여고(松穆館燼餘稿)』는 송목관 이언진의 타다[燼, 불태울 신] 남은[餘, 남을 여] 원고[稿, 원고 고]라는 뜻이다. 천재 시인 이언진은 방대한 양의 시를 지었지만 그가 작품을 불살라버려서 그의 아내가 모아놓은 일부만이 남아 전한다. 『성소부부고(惺所覆瓿藁)』는 성소 허균의 항아리[瓿, 단지 부] 덮개[覆, 덮을 부]로나 쓸 원고[藁, 원고 고]라는 뜻이다. 허균은 자신의 글을 모아 편집하면서 보잘것없는 책이라는 겸손과 함께 사람들이 자신의 책을 이해하지 못하고 항아리 덮개로 사용할지도 모른다는 염려를 책 제목에 동시에 담았다.

편집은 살려내는 일이다. 불구덩이에서 재가 될 뻔한 원고를 구하고, 장독대에서 간장 된장 묻힐 뻔한 원고를 구하고, 도배종이가 될 뻔한 원고를 살려내 세상에 내보내는 일이다. 그 가치를 알아보지 못하는 사람에게 원고란 추운 겨울날 창구멍을 막기에도 딱한 종이일 뿐이고, 낡은 대바구니를 바르기에도 부족한 종이일 뿐이며, 그저 의미 없는 낙서로 가득한 지저분한 종이 뭉치일 뿐이다.

편집은 폐기될 처지의 글에 새로운 생명을 불어넣는 일이고, 버려질 위기의 글에 새로운 의미를 새겨 넣는 일이다. 귀중한 것을 제때 알아보는 식견, 자신이 알아본 것을 세상에 알리는 추진력이 편집력이다.

    몰라서 버리는 것, 알면서도 묻히는 것, 원치 않아도 잊히는 것. 불태우고 찢어버리지 않아도 가치를 알아채지 못하면, 이 세상에 한순간도 머물지 않았던 것처럼 허망한 것이 되고야 만다. 짓밟고 더럽히지 않아도 쓸모를 알아보지 못하면, 애초에 세상 어디에도 없었던 것처럼 허무한 것이 되고야 만다. 편집은 그 가치를 알아보고 그 의미를 살려내는 소중한 애씀이다. 편집은 그 마음 씀이다.

편집은
떡, 죽, 엿을 만드는 일과 같다

정약용(丁若鏞 1762~1836)은 조선시대의 문신·학자다. 자는 미용(美庸)·송보(頌甫), 호는 다산(茶山)·여유당(與猶堂)·삼미(三眉)·열수(洌水)·열로(洌老)·열모(洌髦)·철마산초(鐵馬山樵)·사암(俟菴)·초계(苕溪)이다. 오랜 유배 생활 속에서 독서와 저술에 힘을 기울여 자신의 학문 체계를 완성했다. 「나씨가례집어서(羅氏家禮輯語序)」는 정약용이 나경의 『가례집어』에 쓴 서문이다. '가례'는 한 집안의 예법이다.

아주 오래된 편집 매뉴얼 35

이 글은 정약용이 「나씨가례집어서」에서 편집을 다양한 요리법에 비유해 쓴 것이다. 비슷한 책이 있다고 해서 10년 동안 정성을 쏟은 책을 내지 못할 이유가 없다고 말했다.

천하에 도가 있을 때는 천자가 아니면 예(禮)를 논하지 않았는데, 천하에 도가 쇠퇴한 뒤에는 예가 한 집안에 있게 되었다. 이것이 주자가 예에 대해 말하면서 『가례(家禮)』라 이름한 까닭이다. 『가례』는 한 집안의 예이고 천하의 예 아님을 밝힌 것이었으나, 오늘날 예를 말할 때는 대부분 『가례』를 그 근본으로 삼는다. 따라서 오늘날에는 『가례』를 천하의 예라고 하더라도 안 될 것이 없다.

큰 근본이 세워지면 작은 것이 따라서 생기는 법이다. 주자의 『가례』에 대해 양 씨와 유 씨의 책이 있으며, 유장·구준·풍선·왕원·양봉·신각로 등이 각각 나름의 논저가 있는데, 또 나경의 『가례집어』가 나오게 되었다.

책의 편집이 끝나자 나경이 찾아와 나에게 보여주며 말하기를 "이 책은 내가 10년 동안 정성을 쏟아 만든 것이니, 그대가 한번 보아주시게."라고 하였다.

내가 승낙하며 말하기를 "콩과 조는 하늘이 내린 맛 좋은 곡식이다. 그것을 삶고 쪄서 술을 만들어도 맛이 있고, 끓이고 졸여서 떡을 만들어도 맛이 있다. 또 다양한 요리법으로 범벅·죽·유밀과·엿 등을 만들어도 모두 맛이 있다. 사람의 글도 마찬가지다. 예전 사람의 저술이 이미 갖추어졌다 하여 어찌 스스로 저술을 포기할 필요가 있겠는가? 또 이 책은 몇몇 논저와 함께 폐기할 수 없는 좋은 저술임이 분명한데, 어찌 전해지지 못할까 하는 걱정을 하겠는가?"라고 하였다.

- 정약용 『다산시문집』 「나씨가례집어서(羅氏家禮輯語序)」

편집은 떡, 죽, 엿을 만드는 일과 같다

곡식은 자연이 인간에게 주는 행복이고, 문자는 인간이 인간에게 주는 축복이다. 편집은 그 축복에 대한 성실한 화답이다. 곡식으로 술도 밥도 빵도 떡도 면도 죽도 과자도 엿도 만들 수 있듯, 문자로 철학서도 여행서도 교과서도 사진집도 악보집도 시집도 소설책도 그림책도 만들 수 있다. 편집은 곡식으로 다양한 음식을 조리하듯 문자로 다양한 책을 요리하는 일이다.

사람마다 먹고 싶은 것이 다 다르고, 먹을 수 있는 것이 다 다르다.

사람마다 읽고 싶은 것이 다 다르고, 읽을 수 있는 것이 다 다르다. 책을 읽고 맛보는 사람이 다 다르므로 책은 다 다를 수밖에 없다. 책을 쓰고 만드는 사람이 다 다르므로 책은 다 다를 수밖에 없다. 편집은 이 모든 다름이 어긋남 없이, 나름의 맛과 멋을 찾을 수 있도록 성심껏 돕는 일이다.

편집은 요리다. 편집은 흰 종이에 검은 글씨로 이것저것 음식을 만들어 사람들에게 다양한 맛과 기쁨을 선사하는 부지런함이다. 오랜 훈련과 고민을 통해 쉬지 않고 책을 만들어내며, 사람이 매 끼니 각양각색의 음식을 먹듯 때마다 다종다양한 지식과 경험을 맛볼 수 있도록 힘쓰는 근면함이다. 편집은 굽고 찌고, 끓이고 삶고, 지지고 볶고, 달이고 졸이고, 절이고 삭혀서, 책의 맛을 완성시키는 일이다.

편집은 밥을 못 먹는 사람에게는 부드러운 죽을, 쓴 약을 삼키고 난 사람에게는 달콤한 엿을 건네는 사려 깊음이다. 두껍고 어려운 책을 꺼리는 사람을 위해서는 부드러운 책을, 딱딱하고 엄격한 책을 독파하는 사람을 위해서는 곁들여 읽을 가볍고 달콤한 책을 준비하는 상냥함이다. 편집은 최적의 맛을 찾아가는 여정이며, 그렇게 찾은 책의 황금 '레시피'다.

편집은
볼 수도 없고 안 볼 수도 없는
사람을 위한 것이다

조익(趙翼 1579~1655)은 조선시대의 문신·학자다. 자는 비경(飛卿), 호는 포저(浦渚)·존재(存齋)이다. 성리학의 대가로 예학에 밝았다. 「사한정화서(史漢精華序)」는 조익이 『사한정화』에 쓴 서문이다. 『사한정화』는 사마천의 『사기』와 반고의 『한서』에서 중요한 것을 뽑아 간략하게 만든 책이다.

아주 오래된 편집 매뉴얼 36

    이 글은 조익이 「사한정화서」에서 방대한 분량을 간략하게 줄이는 일에 대해 쓴 것이다. 책을 전념해서 볼 수도 없고 그렇다고 보지 않을 수도 없는 사람들을 위해 편집이 필요하다고 말했다.

    학문을 하는 사람의 입장에서는 당장에 해야 할 학문을 급하게 여겨야 하니, 문장을 지을 겨를이 없는 것이 당연하다. 그러나 혹시 여력이 있어 문장을 짓는다면, 역시 고문(古文)을 법도로 삼아야 마땅하다. 고문 중 법도로 삼을만한 것으로는 육경(六經)을 제외하면 좌씨의 『춘추좌씨전』, 사마천의 『사기』, 반고의 『한서』 등이 있다. 당송 이래로 문장의 연원은 모두 여기에서 나왔다 하겠다.

    그런데 지금 『사기』와 『한서』를 살펴보면, 워낙 그 양이 방대해 모두 보기가 어렵고 또 본다고 해도 충분히 익히기가 어렵다. 그런 까닭에 이 두 책을 공부하려는 사람들은 늘 중요한 부분을 뽑아 읽곤 하는데, 이는 그렇게 해야만 충분히 익힐 수 있고 이를 본받아 문장을 지을 수 있기 때문이다. 그러나 학문을 하는 사람은 본업인 학문에도 늘 미치지 못할까 걱정하는 처지니, 이 책에 정신이 팔려 본심을 잃는 폐단에 빠지면 안 되는 것은 더 말할 필요가 없는 일이다.

    따라서 그 분량을 간략하게 해야 마땅할 것이요, 틈날 때만 익혀야 하니 오랜 시간을 허비하게 만들어서는 안 될 것이다. 문장을 전공하는 사람들도 모두 볼 수 없어 간추려서 읽는 형편인데, 하물며 여력이 있을 때만 보아야 하는 우리들의 경우에야 더 말해 무엇하겠는가? 이것이 바로 가려 뽑지 않을 수 없는 까닭이요, 정밀하게 하면서도 분량을 적게 할 수밖에 없는 이유다.

내가 젊었을 때 아름다운 문장에 뜻을 두고 『사기』와 『한서』를 몇 년에 걸쳐 골똘히 읽은 적이 있었다. 그러다가 문장을 짓는 것보다 더 급하게 해야 할 일이 학문이라는 것을 깨닫고는 버려둔 채 다시는 읽지 않았다. 그것이 지금으로부터 40년 전의 일이다.

어느 날 문득, 학문을 하는 사람이 기본적인 문장을 지으려면 『사기(史記)』와 『한서(漢書)』를 버려서도 안 되고 그렇다고 또 여기에 전념해서도 안 되겠다는 생각이 들었다. 그래서 눈길 닿는 대로 가려 뽑아 책을 만들어 『사한정화』라 이름 붙였다. 이는 바로 후학들을 위하는 마음에서 나온 것이다.

- 조익 『포저집』 「사한정화서(史漢精華序)」

편집은 볼 수도 없고 안 볼 수도 없는 사람을 위한 것이다

이것을 '버려서도 안 되고[不可舍]', 여기에 '전념해도 안 된다[不可專]'. 편집이 필요한 이유는 우리가 읽는 것을 포기할 수도 없고, 그렇다고 평생 하나만 읽느라 시간을 다 허비할 수도 없기 때문이다.

편집은 선택과 집중이다. 편집은 무작정 무한대로 책을 만들어내는 재능이 아니라, 세상에 많고 많은 것 중에서 가장 좋은 것, 가장 중요한 것, 가장 재밌는 것, 가장 의미 있는 것을 선택해서 독자에게 건네는 다정함이다. 독자가 마음만 먹으면 쉽게 읽을 수 있도록 그 복잡하고 까다로운 것들을 대신 고민하고 생각해서 나듬고 나듬어 정리해 주는 따스함이다.

어려운 책이 꼭 훌륭한 것인가? 두꺼운 책이 꼭 근사한 것인가? 편집은 편집의 이유와 수준을 묻고 따지는 일이다. 쉬운 책도 간략한 책도 얼마든지 좋은 책이 될 수 있다. 그러나 쉽게 읽히는 편집은 쉽지가 않고, 간략한 편집은 그리 간단치가 않다.

편집은 '눈길 닿는 대로' 뽑고 '손길 닿는 대로' 만들어도 실수가 없고 어긋남이 없는 사람만이 할 수 있는 고난도의 작업이다. 간략함은 핵심을 짚고 균형을 잡는 것이다. 자세히 알고 깊숙이 아는 편집자만이 제대로 축약할 수 있다. 간략함은 무턱대고 앞뒤를 뭉텅이로 자르는 심드렁함이 아니라, 그 작아진 속에도 본연의 맛과 향을 그대로 간직하도록 만드는 탁월함이다.

편집은 간략한 책이 필요할 때는 간략한 것을 만드는 다정다감함이고, 풍부한 책이 필요할 때는 풍부한 것을 만드는 다재다능함이다. 편집은 전념할 수도 단념할 수도 없는 사람을 위해 진심을 다하는 전심전력이다.

편집은
이 책이 종이 낭비가 아닌지 묻는 것이다

이덕무(李德懋 1741~1793)는 조선시대의 실학자다. 자는 무관(懋官), 호는 청장관(靑莊館)·형암(炯菴)·아정(雅亭)·선귤당(蟬橘堂)·단좌헌(端坐軒)·사이재거사(四以齋居士)·주충어재(注蟲魚齋)·학상촌부(鶴上村夫)·학초목당(學草木堂)·향초원(香草園)·한죽당(寒竹堂)이다. 박제가·유득공·서이수와 함께 규장각의 검서관으로 일하면서 많은 책을 만들었다. 「세정석담(歲精惜譚)」은 이덕무가 사람들이 세월과 정신을 아까운 줄 모르고 허비하는 것을 안타까워하며 쓴 글이다.

아주 오래된 편집 매뉴얼 37

 이 글은 이덕무가 「세정석담」에서 학문에 전념하지 않고 재능을 낭비하는 일에 대해 쓴 것이다. 엉터리 책을 만드는 것은 시간과 노력뿐 아니라 나무까지 낭비하는 일이라고 말했다.

 일찍이 들으니, 중국 촌구석에서 글깨나 읽었다는 사람들이 한가히 모여 노닥거리다가 술과 고기가 생각나면 즉석에서 책을 만든다고 한다. 한 사람이 입으로 줄줄 부르면 다른 한 사람이 받아쓰고 몇몇 사람은 나무에 새겨 얼렁뚱땅 두세 편의 소설을 만들어 서점에 내다 팔아 술과 고기를 사서 먹고 마시며 논다고 하니, 참으로 한심하다.
 한때의 식욕 때문에 터무니없는 낭설을 만들어내느라 힘을 소모하면 마음도 따라 타락하게 된다. 그러나 이런 책이 너무 많아 다 금지할 수도 없고 수레와 소에 다 실을 수도 없는 실정이다. 사람마다 지어내고 집집마다 읽어대니, 대추나무·배나무·닥나무·등나무 등이 종이와 서판을 만드는 데 쓰이느라 입는 재앙이 매우 크다.

- 이덕무『청장관전서』「세정석담(歲精惜譚)」

편집은 이 책이 종이 낭비가 아닌지 묻는 것이다

편집자는 책의 가치를 제일 먼저 판단하는 사람이다. 세상에 나온 후가 아니라 세상에 나오기 전에 이 책이 나와도 좋은 것인지를 묻는 사람이다. '좋고 나쁘고'를 따지기 훨씬 전에 '있고 없고'의 차이를 만드는 것이 편집이다.

편집은 있어야 할 이유를, 만들어야 할 이유를 찾아내고 따져 묻는 일이다. 없어야 할 이유를, 만들지 말아야 할 이유를 밝혀내고 지켜내는 일이다. 있어야 할 것이 없는 슬픔을, 있어야 할 것을 만들어내지 못하는 슬픔을, 없어야 할 것이 넘쳐나는 슬픔을, 없어야 할 것을 없애지 못하는 슬픔을 아는 일이다. 편집은 애석(哀惜)한 줄 아는 것, 슬프고 아까운 줄 아는 것이다.

편집은 아까운 줄 알아 낭비를 막는 것이다. 아까운 줄 아는 것은 무조건 움켜쥐고 아무것도 내놓지 않는 욕심 사나움이 아니라 쓸데 있는 것과 쓸데없는 것을 가려 아는 분별력이다. 낭비를 막는 것은 아무튼 뭐든 틀어막고 쓸데 있는 곳에도 쓰지 않는 자린고비 심보가 아니라 쓸데없는 곳에는 아주 작은 것 하나라도 허투루 써버리지 않는 절제력이다. 편집은 나의 인생을 엉터리 책을 만드느라 낭비하는 것은 아닌지 생각해보는 경계심이며, 남의 인생을 엉터리 책을 읽느라

아주 오래된 편집 매뉴얼 37

허비하게 만드는 것은 아닌지 생각해보는 경각심이다.

편집은 시간이 아까운 일은 하지 않는 것, 나무가 아까운 일은 하지 않는 것, 세상에 미안한 일을 하지 않는 것이다. 편집은 과연 내가 만드는 이 책이 종이 낭비는 아닌지 묻는 애달픔이다. 나와 남이 쏟은 시간과 노력만큼의 가치가 있는 책인지 묻는 의구심이다. 아까운 저자의 글을 훼손하고, 아까운 자연의 나무를 훼손하고도 남을 가치를 만들어내야만 하는 책임감이다. 하필 책이 되어버린 나무의 희생이 헛된 것이 되지 않도록 만드는 사명감이다.

편집은
아끼는 것이다

이덕무(李德懋 1741~1793)는 조선시대의 실학자다. 14년 동안 규장각에서 일하면서 많은 학자들과 사귀는 한편 수많은 서적을 정리하고 편집했다. 「서판은 아껴야 한다[書版當愛惜]」는 이덕무가 서판을 아끼고 사랑해야 한다고 주장하는 글이다. '서판'은 책을 인쇄하기 위해 새긴 나무판이다.

아주 오래된 편집 매뉴얼 38

 이 글은 이덕무가 「서판은 아껴야 한다」에서 책을 만들기 위해 판각한 서판을 아끼는 일에 대해 쓴 것이다. 귀한 서판을 잘 간수하지 못한 것을 안타까워했다.

 글을 새긴 하나의 '서판(書版)'은 백대의 이익이며 만인의 이익이니, 이것은 천하의 지극한 보배다. 그러나 교서관 서판은 처음부터 따로 갈무리하여 보관하는 장소가 없어 무너진 가옥 양쪽 끝에 함부로 쌓아두었다. 그래서 약한 부분은 떨어져 나가 없어지고 땅과 맞닿은 부분은 습기가 차서 썩고 있다. 또 인쇄할 때 쓰는 먹은 품질이 거칠고 나빠 재와 모래가 반쯤 섞여 있고, 벼루도 품질이 조악한 데다 건성으로 대충대충 갈므로 힘을 들여 억지로 찍게 된다. 그렇게 힘을 주면 단단한 구리 활자라도 부서질 텐데 연약한 나무야 더 말할 필요가 있겠는가? 또 한 번 인쇄한 뒤에는 습기 찬 것을 그대로 햇볕에 방치해 뒤틀리고 부풀고 터지고 갈라지니, 옛사람이 그동안에 쌓아놓은 공력이 아깝게 된다. (중략)
 해인사의 불경판은 한 치의 오차도 없이 질서 정연하게 시렁에 꽂혀 보관되어 있다. 본받을만하니, 교서관 역시 이 방법을 쓰는 것이 좋겠다. 이제부터는 깨끗한 먹과 벼루를 쓰고, 먹가루에 기름기를 적절히 섞어 인쇄하는 것도 좋겠다.

- 이덕무 『청장관전서』 「서관은 아껴야 한다[書版當愛惜]」

편집은 아끼는 것이다

편집은 글을 아끼고, 책을 아끼고, 종이를 아끼고, 나무를 아끼고, 비용을 아끼고, 사람을 아끼고, 시간을 아끼고, 마음을 아끼고, 공력을 아끼는 것이다. 편집은 아끼는 것이다. 아낌은 무조건 꼭꼭 숨겨두는 것이 아니라, 꼭 써야 할 곳에 매번 늘 언제나 사용하는 알뜰함이다. 묵혀두고 묻어두는 것이 아니라, 정리하고 관리해서 자주 많이 오래 사용하는 살뜰함이다.

아낌은 그 사용법을 아는 것이다. 분류하고 보관하는 법, 꺼내 쓰고 다시 제자리에 가져다 두는 법, 수리하고 보완하는 법을 아는 것이다. 아낌은 아까운 줄 아는 것이다. 아깝고 소중한 것은 금방 달아나고 옅어지고 흩어진다는 안타까운 사실을 아는 것이다.

아무렇게나 던져둔 것은 자료가 아니라 쓰레기일 뿐이다. 처음부터 쌓고 모을 방도를 생각해두지 않으면 시간이 지날수록 뒤죽박죽 섞이고 마침내 썩어 문드러진다. 허둥지둥 임기응변으로 하루하루를

아주 오래된 편집 매뉴얼 38

넘기다 보면 한두 번은 요행히 지나간다고 해도 느는 것은 기술과 노하우가 아니라 타성과 지루함뿐이다. 아끼지 않으면 잊게 되고, 아끼지 못하면 잃게 된다. 편집은 아끼는 것을 아낄 줄 아는 마음, 아까운 것을 잃을까 애태우는 가슴이다.

편집은
꼼꼼함이다

이규보(李奎報 1168~1241)는 고려시대의 문신·문인이다. 자는 춘경(春卿), 호는 백운거사(白雲居士)·지헌(止軒)·삼혹호선생(三酷好先生)이다. 「시랑 이수에게 주는 편지[與李侍郞需書]」는 이규보가 이수에게 쓴 편지다. 자신의 문집에 서문을 써주어 책이 빛난다며 감사의 뜻을 전하고 있다.

아주 오래된 편집 매뉴얼 39

    이 글은 이규보가 「시랑 이수에게 주는 편지」에서 자신을 가장 잘 이해하는 이수에게 서문을 부탁한 일에 대해 쓴 것이다. 아들이 훌륭한 서문까지 꼼꼼하게 챙겨 책이 나올 수 있었다고 말했다.

    지난번에 보내주신 글을 받고 기쁘고도 감사하였습니다. 이른바 문집의 서문이란 것은 어느 한 문집을 앞에서 이끄는 글입니다. 작자가 쌓고 간직한 것을 당기고 펴서 인도하여 그 지향점을 보여주는 것입니다. 옛날부터 문집이 있으면 서문이 없을 수 없었던 까닭이 바로 이것입니다.

    아들 함이 나의 시문(詩文)을 모아 책을 엮고 묻기를 "아버님의 문집이 완성되었습니다. 마땅히 서문이 있어야 하는데 어떤 분이 적당하겠습니까?"라고 했습니다. 내가 그 말에 지체 없이 답하기를 "나의 마음을 알고 나의 시를 아는 분은 오직 이수뿐이다. 그가 아니면 누가 적당하겠는가?"라고 했습니다. 함이 이 말을 듣고 꼼꼼하게 챙겨, 보배로운 글을 받아 책머리에 편집하여 책을 빛나게 하였습니다.

    - 이규보 『동국이상국집』 「시랑 이수에게 주는 편지[與李侍郞需書]」

편집은 꼼꼼함이다

보이지 않는 소매 안쪽까지 바느질이 매끈한 셔츠를 만났을 때, 발등과 발볼을 알맞게 감싸고 굽 높이가 적당해 신으면 신을수록 정이 가는 구두를 만났을 때, 낯선 도시에서 밥때를 훌쩍 넘겨 아무 식당에나 들어가 제일 빨리 나오는 걸 시켰을 뿐인데 깔끔하면서도 깊은 국물 맛을 만났을 때… 편집자는 책을 떠올린다, 책도 딱 이래야 하는데. 꼼꼼함은 눈에 띄지 않는 곳, 소소하고 사소한 일에까지 정성을 다하는 것이다. 작고 하찮은 것에 무시로 집착하는 것이 아니라 원칙과 기본의 힘과 가치를 늘 믿고 따르는 것이다.

편집은 처음부터 끝까지 편집자의 손길이 닿고, 눈길이 닿고, 마음이 닿고, 생각이 닿는 것이다. 함부로 과정과 절차를 거르지 않고 모든 과정과 절차를 꼼꼼히 거치는 일이다. 편집은 책을 위한 것이라면 서문, 맺음말, 해설, 해제, 연표, 색인, 사진, 지도… 무엇이든 꼼꼼히 챙기는 일이다. 편집은 책을 위한 것이라면 누가 제일 적당한지, 무엇이 제일 필요한지, 언제가 제일 알맞은지… 무엇이든 곰곰이 생각하는 일이다.

편집은 누구나 생각하는 것부터 아무도 생각하지 못한 것까지 다 모으고, 다 챙기고, 더 고심하고, 더 고민하는 일이다. 당연히 해야 할

아주 오래된 편집 매뉴얼 39

일을 빠짐없이 해내는 착실함이며, 끝날 때까지 긴장을 늦추지 않는 침착함이다.

    꼼꼼함은 어렴풋한 것을 맑고 또렷하게 만들고, 어설픈 것을 절도 있고 분명하게 만드는 거의 유일한 방법이다. 편집은 꼼꼼함이다. 꼼꼼함은 타고난 성격이 아니라 스스로 훈련하고 길러낸 근성이며, 어쩔 수 없는 고행이 아니라 편집의 특성이며 전부이다. 편집은 기꺼이 갑갑하고 답답하게 구는 크나큰 용맹함이고 어느 것 하나 허투루 하지 않는 성실한 매서움이다.

편집은
남다른 눈을 갖는 것이다

유만주(兪晩柱 1755~1788)는 조선시대의 선비다. 자는 백취(伯翠), 호는 통원(通園)·흠고당(欽古堂)이다. 독서와 글쓰기로 일생을 보냈다. 「1778년 10월 1일」은 유만주가 1778년 10월 1일에 쓴 일기다. 유만주는 스물한 살부터 일기를 쓰고 엮어서, 『흠영(欽英)』이라고 이름을 붙였다.

아주 오래된 편집 매뉴얼 40

이 글은 유만주가 「1778년 10월 1일」의 일기에서 역사를 총망라하여 편집하고자 하는 포부에 대해 쓴 것이다. 남다른 시선을 갖는 것이 책을 엮는 데 꼭 필요하다고 말했다.

나는 거칠게나마 책을 엮고 글을 고르는 법을 터득했다. 남이 건성으로 보는 것을 나는 깊이 응시하고, 남이 아무렇게나 버리는 것을 나는 때로 신중히 모은다. 그 가운데서 글의 정밀하고 오묘한 뜻을 이해할 수 있고, 책을 엮어내는 데 기준이 되는 범례를 정할 수 있는 것이다.

나 혼자 생각으론, 이렇게 함으로써 수백 권의 새로운 총서를 이루어내고 경사자집(經史子集 경서·역사서·제자백가·시문집) 네 분야의 책들을 총망라하여, 천고의 역사를 포괄할 수 있을 것 같다. 그렇게 한다면 살아 있는 동안에는 마음이 의지하여 돌아갈 곳이 있게 되고 죽은 뒤에는 이름을 남길 수 있으니, 나의 삶을 헛되이 보내지 않게 될 것이다.

- 유만주 『흠영』 「1778년 10월 1일」

편집은 남다른 눈을 갖는 것이다

남다른 눈을 가져야 남다른 선택을 할 수 있고, 남다른 선택을 해야 남다른 결과를 낼 수 있다. 편집은 남들이 건성건성 보아 넘기는 것을 응시하고, 남들이 아무렇게나 내다 버리는 것을 주시하는 눈이다. 편집자의 남다른 눈은 특별한 기획력과 구성 능력의 바탕이 되고, 좋은 원고를 선별할 수 있는 감식안이 된다.

편집은 범례를 만드는 일이다. '범례(凡例)'는 무엇을 모을지 기준과 원칙을 세우고 지키는 강직함이며, 어떻게 모았는지 그 기준과 원칙을 차근차근 설명하고 일러주는 자상함이다. 편집은 새로운 범례로 새로운 책을 얼마든지 만들어낼 수 있다는 신념이며, 남다른 눈으로 남다른 책을 얼마든지 만들어내겠다는 포부다.

편집자는 자기만의 눈을 가진 사람, 자신만의 방법을 터득한 사람, 자기만의 범례를 해득한 사람이다. 아무리 거침없이 유려하고 능숙하고 미끈한 것이라도 남의 것이라면 아무런 소용이 없다. 조금 거칠더라도 나만의 기준과 원칙이 있어야 편집이 가능하다. 편집은 내가 눈여겨본 것을 끝까지 놓치지 않는 기억력, 내가 눈여겨본 것을 끝까지 말하는 지구력, 내가 눈여겨본 것을 끝끝내 모두에게 보여주는 추진력이다. 편집은 내가 본 대로, 내가 믿는 대로, 내가 생각한 대로, 책의

아주 오래된 편집 매뉴얼 40

얼개와 골자를 짜는 고집스러움이다.

편집자는 물끄러미 오래오래 쳐다보는 사람이다. 남들은 들여다보지 않는 곳에 눈을 돌리고, 남들은 거들떠보지 않는 것에 눈이 머무는 남다른 눈의 소유자다. 편집은 남들이 우르르 몰려가는 곳이 아니라 남들이 괄시하고 홀대하는 곳을 주목하는 따스함이다. 남들이 좋아하고 아끼는 것이 아니라 남들이 멸시하고 푸대접하는 것을 줍고 모으는 쓸쓸함이다. 편집은 남다른 시선으로 세상을 바라보는 것, 남다른 시각으로 책을 편집해내는 것이다.

편집은
절제다

허균(許筠 1569~1618)은 조선시대의 문신·학자다. 자는 단보(端甫), 호는 교산(蛟山)·성소(惺所)이다. 아버지 허엽, 두 형인 허성과 허봉, 누이인 허난설헌 등이 모두 시문으로 이름을 날렸다. 「성옹지소록인(惺翁識小錄引)」은 허균이 『성옹지소록』에 붙인 글이다. 허균은 감옥에 있는 동안 쓴 초고를 귀양지에서 다듬어 책으로 만들었다.

아주 오래된 편집 매뉴얼 41

이 글은 허균이 「성옹지소록인」에서 생각나는 대로 써두었던 글을 편집하는 일에 대해 쓴 것이다. 필요 없거나 의미 없는 것을 빼고 나니, 194칙이 남았다고 말했다.

경술년(1610)에 내가 죄를 짓고 순군옥에 갇힌 지 42일 만에야 유배지가 결정되었다. 순군옥에 갇혀 있는 동안 사람도 만날 수 없는데다 밤 또한 길어서 잠을 이루지 못하였다. 등불을 켜고 홀로 앉아 있노라니, 문득 평소에 보고 들은 많은 일들이 머리에 떠올랐다. 이에 종이를 가져다 기록하는 대로 글상자 속에 넣어두었다. 그러나 이는 시간을 보내기 위한 것이었기 때문에 글을 다시 다듬지는 않았다.

유배지 함산에 도착한 후 한가하여 하는 일이 없었다. 어느 날 글상자를 열어보니 전에 기록해둔 것이 있었다. 읽어보니 보잘것없는 글이지만 그저 버리기에는 아까운 생각이 들어 순서만 약간 정리하여 그대로 기록하였다. 그 내용이 소소한 일을 적은 것이므로 이를 『지소록(識小錄)』이라 하였다.

초고를 정리하면서 다른 사람의 단점을 드러내는 것도 빼고, 보은과 보복에 관한 것도 빼고, 귀신에 관한 것도 빼고, 꿈과 점술에 관한 것도 빼고, 남녀 간의 음란함에 관한 것도 모두 빼고 나니, 남은 것이 194칙이었다. 이 책은 사람들이 담소를 나눌 때나 정사(正史)에서 빠진 내용을 보충할 때에 조금은 도움이 될만한 것이 있을 것이다. 신해년(1611) 4월 19일 허균이 쓰다.

― 허균 『성소부부고』 「성옹지소록인(惺翁識小錄引)」

편집은 절제다

편집은 버려야 할 이유와 남겨둘 수 없는 근거를 찾는 일이다. 편집은 더하는 것이 아니라 빼는 것, 불리는 것이 아니라 줄이는 것, 덧붙이는 것이 아니라 깎아내는 것, 붙잡는 것이 아니라 떠나보내는 것이다.

무엇을 빼느냐에 따라 보여주고 싶은 생각의 형상이 드러나고, 무엇을 줄이느냐에 따라 들려주고 싶은 말의 울림이 생겨난다. 무엇을 버리느냐에 따라 전해주고 싶은 글의 향기가 살아나고, 무엇을 절제하느냐에 따라 견지하고 싶은 책의 모습이 지켜진다.

편집은 절제다. 편집은 비천한 것, 시시껄렁한 것, 천박한 것, 허무맹랑한 것… 책에 용납할 수 없는 것을 빼고, 버리고, 잘라내는 힘이다. 편집은 편견에 물든 것, 무지에 파묻힌 것, 허세에 부푼 것, 오만에

아주 오래된 편집 매뉴얼 41

빠진 것… 책에 남겨둘 수 없는 것을 빼고, 버리고, 잘라내는 힘이다. 편집은 논리가 게으른 것, 비유가 불평등한 것, 예제가 부적절한 것, 상상력이 부족한 것… 책에 해악을 끼치는 것을 빼고, 버리고, 잘라내는 힘이다.

글쓰기가 보태고 보태는 일이라면 편집은 버리고 버리는 일이다. 편집은 책에 꼭 필요한 것만 남겨두는 기쁨이며, 그것이 도대체 몇 개나 되는지 똑바로 쳐다보는 용기다. 편집은 이 책과 어울리지 않는 것은 조금도 남김없이 다 버리고 빼고자 하는 건강함이다.

편집은
신맛은 더욱 시게,
단맛은 더욱 달게 만드는 것이다

박제가(朴齊家 1750~1805)는 조선시대의 실학자다. 자는 재선(在先)·수기(修其)·차수(次修), 호는 초정(楚亭)·위항도인(葦杭道人)·위항외사(葦杭外史)·정유(貞蕤)이다. 이덕무·유득공·서이수와 함께 규장각 검서관으로 일했다. 「시선서(詩選序)」는 박제가가 『시선』에 쓴 서문이다. 시를 뽑는 기준으로 '맛'을 이야기했다. 적당히 이것저것 섞어서 책을 만드는 것은 맛을 모르는 사람이 하는 짓이라고 말했다.

아주 오래된 편집 매뉴얼 42

 이 글은 박제가가 「시선서」에서 시를 가려 뽑는 기준에 대해 쓴 것이다. 신맛이 필요할 때는 확실하게 신맛을 내야지, 사람들의 입맛에 맞추기 위해 다른 맛을 섞으면 안 된다고 말했다.

 시를 가려 뽑는 방법은 마땅히 온갖 맛을 두루 갖추어야지, 온통 한 가지 특색만 찾아 모든 것을 일률적으로 뭉뚱그려서는 안 된다. 가려 뽑는다는 것은 무엇인가? 가려내어 서로 뒤섞이지 않게 하는 것이다. 모든 것을 일률적으로 뭉뚱그리면 가려 뽑는다면서 다시 섞는 것과 다름없으니, 애초에 무엇하러 가려 뽑는단 말인가?
 '맛[味]'이란 무엇인가? 저 아름다운 노을과 수놓은 비단을 보라. 눈 깜빡할 순간에도 마음과 눈이 옮겨 가고, 아주 가까운 곳에서도 기이한 모습이 펼쳐진다. 대충 보면 그 정취를 알 수 없지만, 찬찬히 음미하면 그 맛이 무궁하다. 맛이란 그저 입맛만을 가지고 하는 말이 아니니, 무릇 마음을 움직이고 눈을 기쁘게 하는 모든 것이 맛이다. 가려 뽑을 때 맛을 어떻게 취할까? 짜고 시고 달고 쓰고 매운 다섯 가지의 맛은 혀에서 느껴 바로 얼굴로 전달되므로 속일 수가 없다. 만약 이렇지 않다면 맛이 아니다. 시를 가려 뽑는 방법 또한 이것과 무엇이 다르겠는가?

온갖 맛을 두루 갖춘다는 것은 무엇인가? 특정한 하나만 고집하지 않고, 여러 맛을 각각 한 가지씩 뽑는 것을 말한다. 신맛을 알면서 단맛은 모른다면 맛을 아는 사람이 아니다. 또 저울로 달아 단맛과 신맛을 적당히 조절하고 짠맛과 매운맛을 적당히 조정해, 구차하게 채워 넣는 자는 '가려 뽑는다[選]'는 진짜 의미를 모르는 사람이다. 신맛이 필요할 때에는 지극히 신맛을 선택하고, 단맛이 필요할 때에는 지극히 단맛을 선택해야 한다. 그렇게 한 뒤에야 맛에 대해 말할 수 있다.

— 박제가 『정유각집』 「시선서(詩選序)」

편집은 신맛은 더욱 시게, 단맛은 더욱 달게 만드는 것이다

편집은 '가려 뽑는[選]' 것이다. 그 가려 뽑는 기준은 맛이다. 맛은 입으로만 느끼는 것이 아니라, 사람의 마음을 움직이고 눈을 즐겁게 하는 모든 것을 말한다. 자신만의 기준도 근거도 이유도 없는 선택은 '가려 뽑는' 것이 아니라 우연과 방임이 낳은 그저 '뽑기'일 뿐이다.

편집자의 시각과 시선, 감성과 감각으로 책은 세상과 비로소 접속하게 된다. 독자가 책을 집어 드는 이유는 세상에 많고 많은 것 가운데

아주 오래된 편집 매뉴얼 42

편집자가 어떤 입맛과 취향, 안목과 식견으로 이것을 굳이 가려 뽑아 책으로 만들었는지에 대한 궁금증과 호기심 때문이다.

편집은 무언가를 골라 넣는 것이기도 하지만 무언가를 골라 버리는 일이기도 하다. 버린다는 것은 작가의 입장에서는 아쉽고 안타까운 일이다. 그러나 편집자의 입장에서는 아무것도 버리지 않는 것은 너무나도 어리석은 일이다. 독자를 위해서, 책을 위해서, 작가를 위해서도 올바른 선택이 있어야 한다. 신 것이 필요할 때는 지극히 신 것을 선택하는 것이 옳고, 달콤한 것이 필요할 때는 지극히 달콤한 것을 선택하는 것이 옳다. 어정쩡한 것은 가려내어서 버리고 신맛은 더욱 시게, 단맛은 더욱 달게 만드는 것이 편집이다.

편집은 맛있는 글, 맛있는 책, 읽을 맛이 나는 글, 간직하고픈 맛이 나는 책을 만드는 일이다. 편집의 기준은 '맛[味]'이다. 다른 사람의 평판이나 비평, 그럴 것이라는 짐작 혹은 직간접의 압력에 굴하지 않고 오직 '자신의 혀'를 신뢰하는 믿음이다. 편집은 자신의 혀가 느끼는 것을 믿고 따라가는 일이다. 남들이 하는 대로 유행에 따라 적당히 섞고, 어디서 주워들은 대로 대충 구색 갖추고, 아무런 질문도 감흥도 없이 기계적으로 쑤셔 넣는 것은 편집이 아니라, 그저 구태의연한 나열일 뿐이다. 편집자에게는 맛을 보고 음미하고 판별하고 간을 보고 가

공하는 감각이 필요하다. 편집은 독자에게 '먹힐' 글을 선별하는 능력이다.

편집자는 미식가다. 편집자는 싸구려 입맛에 길들여지지 않는 사람이다. MSG 팍팍 뿌린 것이 아니면 입에 넣지 못하는 사람들 틈에서 제대로 된 입맛을 가진 희귀한 사람이다. 편집은 그동안 맛볼 수 없었던 것을 독자들에게 요리해주는 일이다. 기계적인 균형과 평균에서 탈출하고 비겁한 중립과 타협에서 벗어나, 나의 입맛과 나의 느낌과 나의 감성을 솔직하고 용기 있게 표현하는 것이다. 짓이겨지고 뭉개진 평온함보다 소란스럽고 불편한 불안함이 더 진솔하고 더 진실하다.

무엇을 말할 것인가는 어떻게 말할 것인가와 떨어질 수 없고, 어떻게 말할 것인가는 어떤 맛을 낼 것인가와 떨어질 수 없다. 이 모든 관계와 과정을 외면하지 않고 끝까지 고민하고 결과를 도출해내는 것이 편집자의 역할이다.

편집은
목마름이다

박제가(朴齊家 1750~1805)는 조선시대의 실학자다. 시인으로 청나라에까지 이름을 알렸다. 이덕무·유득공·이서구와 함께 공동 시집 『건연집』을 남겼다. 「시선서(詩選序)」는 박제가가 시를 선택하고 뽑는다는 것이 무엇인지에 대해 쓴 글이다. 누구나 먹고 마시지만 진짜 맛을 아는 사람이 드물듯, 진짜 시의 맛을 아는 사람이 드물다고 했다.

아주 오래된 편집 매뉴얼 43

    이 글은 박제가가 「시선서」에서 아름다움을 향한 목마름에 대해 쓴 것이다. 갈증이 심한 사람이 시원한 물을 간절히 바라듯 편집자는 좋은 글을 간절히 바란다고 말했다.

    공자께서는 "먹고 마시지 않는 사람이 없건만 능히 맛을 아는 사람은 드물다."라고 하셨다. 이것을 보면 성인(聖人)의 마음은 섬세한 까닭에 능히 말로 설명할 수 없는 오묘한 맛을 느낀다는 것을 알 수 있다. 하지만 대부분의 사람들은 온통 한 가지 특색만 찾아 모든 것을 일률적으로 뭉뚱그려서 파악하기에, 날마다 세상을 접촉하면서도 그 맛을 분간할 줄 모른다.

    만약 누군가 "물은 어떤 맛인가?"라고 묻는다면, 대부분의 사람들은 "물은 아무 맛이 없다."라고 대답할 것이다. 그러나 목마른 상태에서 물을 마셔보라! 그러면 천하의 그 어떤 것도 물보다 더 맛있을 수 없다. 지금 그대는 목마르지 않다. 그러니 어찌 저 물맛을 알 수 있겠는가?

                                                     - 박제가 『정유각집』「시선서(詩選序)」

편집은 목마름이다

'지금 그대는 목마르지 않다(今子不渴矣).' 편집자는 목말라야 한다. 알아도 알아도 또 알고 싶고, 읽어도 읽어도 또 읽고 싶고, 만나도 만나도 또 만나고 싶고, 이야기를 하고 하고 또 해도 이야기 나누고 싶어야 한다. 편집은 시원하고 통쾌한 글을 만나 진정한 맛을 느껴보고자 하는 소망이다.

우리는 늘 무언가를 먹고 마시지만 맛은 잘 알지 못한다. 아니, 쉬지 않고 늘 무언가를 먹고 마시기에 진짜 배고픔과 목마름을 쉽게 알 수 없게 되었다. 세상이 강권하는 대로 아무거나 되는 대로 주워 먹지 않고 자신의 입맛과 취향과 지향을 유지하는 것이 편집자의 기본 소양이다.

편집자는 가장 목마른 사람이다. 편집자는 늘 새롭고 아름답고 멋진 글에 갈증을 느끼는 사람이다. 그 목마름이 쉬지 않고 글을 읽고 또 읽고, 찾고 또 찾게 만든다. 뜨거운 여름날 갈증으로 목이 탈 때 시원한 물 한 잔 벌컥벌컥 들이켠다면 얼마나 맛있겠는가? 만약 그런 한 잔의 물과 같은 글을 만난다면 얼마나 반갑고 고맙겠는가?

편집은 목마름이다. 편집은 엉키고 엉망인 이 땅의 현실을 일갈할 통쾌한 글을 마시고 싶다는 기대와 갈증이다. 그저 그런 것 말고 진짜

아주 오래된 편집 매뉴얼 43

를 만나고 싶고, 비슷비슷한 거 말고 진짜를 마시고 싶다는 기도와 갈증이다. 편집은 새로움에 대한 목마름이다. 새로움이란 신통방통 기상천외한 것이 아니라, 오히려 맑고 순수한 입맛을 유지하는 굳건함이다. 편집은 맹물 한 잔만 마셔도 그것의 가치와 의미를 가슴속 깊이 알아채는 섬세함이다.

편집은
일관성을 갖는 것이다

정약용(丁若鏞 1762~1836)은 조선시대의 문신·학자다. 자는 미용(美庸)·송보(頌甫), 호는 다산(茶山)·여유당(與猶堂)·삼미(三眉)·열수(洌水)·열로(洌老)·열모(洌髦)·철마산초(鐵馬山樵)·사암(俟菴)·초계(苕溪)이다. 유형원·이익의 학문과 사상을 계승하여 조선 후기 실학을 집대성했다. 「유아에게 부침[寄游兒]」은 정약용이 유배지에서 둘째 아들 정학유에게 쓴 편지다. 정학유(丁學游 1786~1855)는 농사일과 철마다 알아두어야 할 풍속 및 예의범절 등을 기록한 「농가월령가」를 지었다.

아주 오래된 편집 매뉴얼 44

 이 글은 정약용이 「유아에게 부침」에서 책 만들기의 원칙과 방법에 대해 쓴 것이다. 미리 목차를 정하고 방향을 세워 일관성을 가지고 책을 만들어야 한다고 말했다.

 『고려사』를 빨리 보내주지 않으면 안 되겠다. 그중에서 필요한 것만을 뽑아 기록하고 그것을 취합하는 법을 너의 형에게 자세히 가르쳐 주었으니, 이번 여름에 부디 형제들이 마음을 다하고 힘을 쏟아서 이 일을 끝내도록 하여라. 필요한 부분만 뽑아내는 초서 작업에서 가장 먼저 해야 할 일은 자신의 뜻을 정하는 것이다. 자신이 만들 책의 규모와 절목(節目 항목)을 세운 다음 그에 따라 글을 뽑아야만 '일관(一貫)'된 묘미가 생기는 법이다.

          – 정약용 『다산시문집』 「유아에게 부침[寄游兒]」

편집은 일관성을 갖는 것이다

 편집은 꿰뚫는 힘이다. '일관(一貫)'은 처음부터 끝까지 같은 생각, 같은 방법, 같은 마음이 책을 관통하는 것이다. 처음 마음 잃지 않고 끝까지 초지일관(初志一貫), 머리부터 꼬리까지 한결같이 수미일관(首尾

一貫), 시작부터 막판까지 변함없이 시종일관(始終一貫), 편집은 일관성을 갖는 것이다. 편집은 책의 안팎을 꿈꾸고 그리는 살굿빛 상상력이며, 상상하고 생각한 대로 구현해내는 구릿빛 실천력이다. 일관성은 아무 맛도 멋도 없는 무뚝뚝함이 아니라, 사람들의 가슴을 뚫고 들어갈 방도를 고민하고 밀고 나가는 뚝심이다.

편집은 그 책을 설명해줄 하나의 단어와 하나의 문장을 찾아 끝까지 물고 늘어지는 일관성 있는 고집이다. 편집은 자신이 만들어낼 책이 무엇인지 그 모양과 빛깔을 머릿속에 그리는 일이며, 그 그림대로 구체와 실체의 몸피를 가진 무엇이 될 때까지 절대 놓지 않는 의지력이다. 편집은 책에 일관성을 부여하고 유지하는 긴장감이며, 어떻게 해서든지 하나의 도도한 흐름을 만들어내고야 말겠다는 절박함이다. 자신이 늘 그리던 책, 자신이 늘 꿈꾸던 책의 심장을 꿰뚫는 강렬하고 강력한 담력이다.

일관성은 꼭 해야 하는 일, 꼭 하고 싶은 일을 할 수 있도록 정확하고 간결하게 이끄는 힘이다. 그 힘이 응축된 무엇을 가지고 책의 앞표지부터 마지막 뒤표지까지, 책의 기획 제작부터 홍보 마케팅까지 꿰어내는 것이 편집이다. 일관성은 무조건 끌고 가는 억지가 아니라 구성의 원칙과 세밀함이 곳곳에 짙고 강하게 배어 있어 독자가 기꺼이

아주 오래된 편집 매뉴얼 44

끄덕이고 기쁘게 따라나서게 만드는 설득력이다. 표지와 앞날개 사이에 딱 적절한 표정을 그려 넣고, 장과 장 사이에 사색과 고민을 심어놓고, 단락과 단락 사이에 환희와 희열을 숨겨두는 철저한 준비성이다. 일관성은 한번 해보고 마는 일회성이 아니라 전부를 걸고 하는 진득함이다. 일관성을 유지한다는 것은 하나의 주제를 책 한 권 분량으로 들려주는 친절함이며, 불필요하고 지루한 부분은 망설임 없이 싹둑 잘라내는 과감함이다.

편집은 처음 먹은 마음을 잊지 않는 것, 처음 본 것을 잊지 않는 것, 처음 느낀 것을 잊지 않는 것이다. 일관성은 조금 편해 보자는 게으름이나, 조금 더 팔아보자는 욕심이나, 조금 평범해 보자는 나태함이나, 조금 빨리 가자는 조급함에 흔들리지 않겠다는 다짐이며 안간힘이다.

편집은
그물에 걸린 기러기도 놓치지 않는 것이다

정약용(丁若鏞 1762~1836)은 조선시대의 문신·학자다. 강진에 유배되었던 18년 동안 경전에 관한 책 232권과 문집 260여 권을 저술하고 편집하고 정리했다. 「유아에게 부침[寄游兒]」은 정약용이 유배지에서 둘째 아들 정학유에게 쓴 편지다. 『고려사』를 가려 뽑아 책을 빨리 만들라고 재촉하면서, 그 작업을 하면서 생각하지 못했던 것을 얻을 수 있다고 했다.

아주 오래된 편집 매뉴얼 45

이 글은 정약용이 「유아에게 부침」에서 뜻밖의 글을 얻는 일을 그물에 기러기가 걸리는 상황에 비유해서 쓴 것이다. 기준에서 벗어나지만 훌륭한 글은 따로 모아두었다가 다른 책을 만들 때 활용하면 된다고 말했다.

『고려사』를 가려 뽑아 책을 만들 때, 세워놓은 규모와 절목(節目 항목)에는 벗어나지만 지극히 훌륭하여 뽑지 않을 수 없는 것이 있다. 이것을 위해 공책 하나를 따로 갖추어 준비해 놓아라. 작업을 해나감에 따라 수시로 얻은 것을 수시로 기록하면, 숙달하고 깊이 깨달아 확고한 힘을 얻을 수 있을 것이다.

물고기를 잡으려고 그물을 쳐놓았는데 기러기가 걸렸다고 해서 어찌 버리겠느냐?

― 정약용 『다산시문집』 「유아에게 부침[寄游兒]」

/

편집은 그물에 걸린 기러기도 놓치지 않는 것이다

어떤 책을 기획하고 구성하다가 그 기준에는 맞지 않지만 그냥 버리기에는 너무나 아까운 소중한 자료를 만나게 되면, 다음을 위해 기록해두고 모아두면 된다. 언제고 꼭 필요한 때가 생긴다.

처음 의도하고 기획한 것과는 다른 것을 만난다면 버리지 말고 따로 정성스레 모아두라. 어쩌면 우리는 이것을 만나기 위해 여기까지 달려온 것인지도 모른다. 멀리서 어렴풋이 짐작하던 것과 실제로 그물을 던지고 낚싯대를 드리워 얻게 되는 것은 얼마든지 다를 수 있다.

책을 기획하고 만들고 의논하고 정리하는 와중에 다른 재미나고 중요하고 귀한 자료가 쌓이는 것은 너무나 당연하고, 너무나 자연스럽고, 너무나 다행스러운 일이다. 하나의 책을 기획하고 작업을 진행하면서 새로운 아이디어가 생각나지 않는 것은 차라리 이상한 일이고 오히려 크게 잘못된 일이다. 편집을 하면서는 수시로 모으고 수시로 기록한 자료집이 따로 있어야 한다. 이것은 어쩌면 편집이라는 일을 계속 이어갈 수 있게 만드는 원동력이다.

뜻밖의 우연과 행운 또한 늘 무언가를 철저히 준비하는 중에 찾아온다. 이것은 새로운 기회이자, 선물이다. 구체적인 기준이 있어야 그물에 걸린 기러기처럼 의외의 것을 얻을 수 있다. 범위를 정하고 경계를 지어야 그 밖의 것이 생길 수 있다. 그렇게 모인 것을 모아둔 곳이 나에게 힘을 주는 곳이다. 따로 모아둔 아이디어가 없다면, 따로 모아둔 자료가 없다면, 따로 모아둔 생각이 없다면 나의 편집은 단지 일회

아주 오래된 편집 매뉴얼 45

용일 뿐이다. 그렇게 수시로 모아둔 자료는 편집자의 가장 소중한 재산이다.

편집은
책으로 평가받는 것이다

김육(金堉 1580~1658)은 조선시대의 문신·학자다. 자는 백후(伯厚), 호는 잠곡(潛谷)·회정당(晦靜堂)이다. 국가재정과 농민생활 안정을 위해 대동법을 건의했다. 「『유원총보』의 서문[類苑叢寶序]」은 김육이 『유원총보』에 쓴 서문이다. 『유원총보』는 김육이 『사문유취』를 기준으로 고금의 여러 서적을 참고하여 만든 책이다.

아주 오래된 편집 매뉴얼 46

　이 글은 김육이 「『유원총보』의 서문」에서 좋은 글을 모으고 편집하는 일에 대해 쓴 것이다. 세상이 필요로 하는 책을 만드는 것은 비웃음을 감수할 만큼 의미 있는 일이라고 말했다.

　내 어찌 이토록 힘든 일을 좋아서만 하였겠는가? 지금 연경으로 가는 길이 끊어져 천금을 주고도 책을 구하기가 힘들다. 그런 까닭으로 나는 부끄러움도 잊고 감히 고전을 뒤져 남겨둘 만한 글을 찾아내어 책을 편집하게 되었다.
　글을 취하거나 버리고, 또 더하거나 덜어내는 과정에서 반드시 착오와 허물이 있을 것이다. 또 서둘러 서판을 새겨 출간하는 데 급급하다 보니 정확하고 세밀하게 교정을 보지 못했다. 만약 학식과 안목을 갖춘 사람이 본다면 비웃음을 면치 못할 것이다. 그러나 나는 그와 같은 흠결을 돌볼 겨를이 없기에, 비웃음조차 사양하지 않겠다. 지금 내 마음은 공자가 말한 '나를 알아주는 자도 오직 『춘추』로 할 것이며, 나를 죄주는 자도 오직 『춘추』로 할 것이다.'가 담고 있는 뜻과 같다. 그렇다면 후세의 뜻있는 사람들이 나를 용서해줄 수 있지 않겠는가?

　　　　　　　　　　　- 김육『잠곡유고』「『유원총보』의 서문[類苑叢寶序]」

편집은 책으로 평가받는 것이다

편집자는 편집으로 평가받고, 편집은 책으로 평가받는 것이다. 편집은 편집자의 학력이나 경력, 명성이나 배경이 아니라 오직 책으로 평가받는 일이다. 책 이외의 그 무엇으로도 편집을 칭찬하거나 비난할 수 없고, 편집 이외의 그 무엇으로도 편집자를 칭찬하거나 비난할 수 없다.

편집은 책으로 말하고 책으로 말해지는 것이다. 편집자는 저자 뒤에 철저히 몸을 숨겨 책에 스며들어야 하고, 편집 속에 철저히 몸을 숨겨 책에 젖어들어야 한다. 책을 아무리 사랑해도, 끝없이 사랑하고 지극히 사랑해도, 자신의 그림자 끝자락까지 완벽하게 감추어야 하는 것이 편집자의 숙명이다. 하지만 그렇다고 해서 책을 향한 그 사랑을 멈추거나 열정을 거두는 법이 없는 바보 같은 짝사랑이 바로 편집이다.

책이 세상에 나오기까지 수많은 사정과 사연이 없을 수 없고, 별의별 소문과 소란이 있을 수 있다. 그러나 책 바깥에서 흩날리는 왈가왈부는 그저 스쳐 지나갈 이야기일 뿐이다. '오직 책으로 평가받겠다.'는 것은 무조건 입을 다물고 귀를 닫는 고집불통의 오만과 독선이 아니라, 편집이란 끝끝내 책으로 남을 수밖에 없음에 대한 근원적인 고뇌

아주 오래된 편집 매뉴얼 46

와 고독의 말이다. 편집은 책을 남기고, 책에 남는다.

편집은
스스로를 믿는 일이다

정조(正祖 1752~1800)는 조선시대의 제22대 왕이다. 휘는 산(祘), 자는 형운(亨運), 호는 홍재(弘齋)·홍우일인재(弘于一人齋)·만천명월주인옹(萬川明月主人翁)이다. 규장각을 세워서 많은 서적을 수집하고 편찬했다.『홍재전서』를 남겼다.「『홍우일인재전서』의 장명[弘于一人齋全書欌銘]」은 정조가 자신의 문집을 완성하고, 별도로 보관하며 쓴 글이다.『홍우일인재전서』는『홍재전서』다.

아주 오래된 편집 매뉴얼 47

　이 글은 정조가 「『홍우일인재전서』의 장명」에서 만약 책에 의혹과 오류가 있다면 기꺼이 고치겠다는 다짐에 대해 쓴 것이다. 그러나 마음속으로는 스스로를 믿는다고 말했다.

　옛날 거백옥은 자신의 허물을 줄이려고 노력했던 사람이다. 거백옥은 나이 50에 지난 49년의 잘못을 알았다고 하는데, 명년이면 내 나이도 50이 된다. 만약 잘못된 것을 알게 된다면 이 문집을 다시 편집하여야 할지 어떻게 알겠는가. 그러나 내가 마음속으로 자부하니 이미 의혹됨이 없다.

　어진 자는 근심하지 않고, 지혜로운 자는 현혹되지 않고, 용감한 자는 두려워하지 않는다고 했으니, 나 또한 이 군자의 세 가지 도(道)를 따르려 한다. 단지 총명은 젊은 시절에 미치지 못하고 학문과 예술에 대한 조예는 처음 먹은 마음에 부합하지 못해 부끄러움이 있다. 내 어찌 학문을 높이 쌓아 우뚝하다고 할 수 있겠는가.

　돌아보면 이 문집의 글들은 내가 어렵고 큰일을 계승하여 부지런히 백성을 보호하고 인재를 구하는 것에 급급하면서, 인(仁)이 아닌 곳에는 거하지 않고 의(義)가 아닌 길은 밟지 않는 것을 문자로 기록한 것이다. 내 몸에 담긴 강혈(腔血)을 따라 흘러나온 것임을 자연히 속일 수 없다.

- 정조 『홍재전서』「『홍우일인재전서』의 장명[弘于一人齋全書欌銘]」

/

편집은 스스로를 믿는 일이다

편집은 마지막까지 고치고 또 고치는 것이며, 그렇게 그 일을 마치고 나면 스스로를 믿고 의지하는 일이다. 편집은 끝까지 자신을 의심하고 또 의심하는 것이며, 그렇게 의심을 품고 풀고 나면 스스로 최선을 다했음을 자부하는 일이다. 편집은 자신을 믿을 수 있기 전까지 철저히 자신을 믿지 않는 일이며, 마침내 자신을 믿어야 할 순간에는 전폭적으로 자신을 믿어주는 일이다.

어진 사람은 근심하지 않고, 지혜로운 사람은 현혹되지 않고, 용감한 사람은 두려워하지 않는다. 편집자는 편집에 자신의 최선에 최선을 더했기에 함부로 근심하지 않고, 생각할 수 있는 모든 고민을 다 했기에 얕은수에 현혹되지 않고, 새롭게 만들어낼 의미와 그동안 지켜왔던 가치를 알기에 어떠한 비난도 두려워하지 않는다. 편집자는 어질고, 지혜롭고, 용감한 사람이다.

편집자는 최후까지 최선을 다해 자신을 의심했기에 자신을 믿으

아주 오래된 편집 매뉴얼 47

라 말할 수 있고, 언제든 잘못이 밝혀지면 즉시 잘못을 시인하고 고칠 수 있기에 스스로를 믿는다 말할 수 있다. 편집은 편집을 끝내고 나면 스스로를 굳게 믿는 일이다.

편집은
독자가 완성한다

최한기(崔漢綺 1803~1877)는 조선시대의 실학자다. 자는 운로(芸老), 호는 기화당(氣和堂)·명남루(明南樓)·패동(浿東)·혜강(惠岡)이다. 중국에서 나온 많은 서적을 가지고 있었고, 많은 저술을 남겼다. 「문리구해재변통(文理究解在變通)」은 최한기가 글의 이치를 연구하고 해석하는 것에 대해 쓴 글이다.

아주 오래된 편집 매뉴얼 48

이 글은 최한기가 「문리구해재변통」에서 독자의 중요성에 대해 쓴 것이다. 책은 책을 쓰는 사람도 책을 만드는 사람도 아닌, 책을 읽는 사람에 의해 완성된다고 말했다.

말은 글의 초본(草本)이고, 글은 말이 완성된 문장(文章)이다. '혀끝의 문장' 즉 '말'은 여운이 끝나면 흔적조차 없어지니, 다른 사람에게 한 번 전해지면 힘이 줄어들고 두세 번 전해지면 칭찬과 비난이 덧붙여진다. 꾸밈이 넘치고 힐난이 넘치면 진실을 잃게 되니, 듣는 사람이 믿지 않아 더 이상 전해질 수 없게 된다. 그러나 '붓끝의 말' 즉 '글'은 만약 그 이치가 분명하고 뜻이 제대로 갖춰졌다면, 종이에 써져 수백 년의 생명을 얻을 것이고 인쇄되어 수많은 사람들이 보게 될 것이다.

그러나 글의 이치를 연구하고 뜻을 해석하는 것은 오로지 '완열자(玩閱者 독자)'의 역량에 달려 있다. 글을 읽는 사람마다 추구하는 방향이 각기 다르고 지식과 지혜의 깊이에 차이가 난다. 허망한 것을 숭상하는 사람은 성실을 알지 못하고, 꾸밈을 숭상하는 사람은 소박한 것을 싫어하며, 자질이 경박한 사람은 깊고 큰 뜻을 연구하지 못하고, 견문이 좁은 사람은 전체를 두루 살피지 못한다. 이것은 모두 작은 것을 보고 큰 것을 짐작하지 못하며, 저것을 듣고 이것을 추측하지 못하기 때문이다.

진실로 반복해서 받아들이고 버리고, 비교해서 헤아리고, 선악을 분별하고, 우열을 따지는 것을 빠짐없이 차례차례 실행하며 투철하게 나아간다면, 문리(文理)에 익숙해져 글의 연구와 해석에 효과가 있을 것이다. 글로써 물리(物理)를 살피고 물리로써 글을 읽으면, 안팎으로 서로 호응하여 문리(文理)가 어긋나지 않을 것이다. 이렇게 되면 글의 본뜻이 다 드러나니, 우뚝하여 도달하기 어려웠던 일이나 묻혀 있어 알아내기 어려웠던 단서까지도 모두 통하게 될 것이다.

- 최한기 『기측체의』「문리구해재변통(文理究解在變通)」

편집은 독자가 완성한다

'완열자(玩閱者)'가 책을 완상(玩賞)하고 완성(完成)한다. 독자는 책을 겪어가고 엮어가며, 만들어간다. 책은 읽는 사람의 모든 것으로부터 영향받고 지배되어, 재배치된다. 독서는 책의 행간에 나의 모든 것을 기꺼이 쏟아부어 온몸으로 그 사이와 사이를 전진해나가는 행위다. 그렇지 않으면 책은 단 한 줄도 읽을 수 없다. 독서는 단순한 취미 활

아주 오래된 편집 매뉴얼 48

동이 아니라, 고유의 시간과 공간을 필요로 하고 적지 않은 공력을 들여야 하는 만만치 않은 지적 노동이다.

편집이 느낌과 분위기, 기운과 열정을 책에 새겨 넣는 것이라면, 독자는 독서를 통해 자신만의 느낌과 분위기, 기운과 열정을 책에 그려 넣는 황홀한 기적을 경험한다. 편집이 책을 읽는 속도와 강도와 농도를 구성하고 구현하는 것이라면, 실제 책을 읽는 속도와 강도와 농도는 늘 독자에게 달려 있다.

편집은 언제나 독자의 독자적인 독서 노동으로 완료된다. 독서로서의 편집은 글자와 글자 사이, 줄과 줄 사이, 단락과 단락 사이, 장과 장 사이, 책과 책 사이, 모든 사이의 사이와 사이를 메우고 채우고 묶고 또 끊고 떨어뜨리고 베어내는 수고로움이다. 독서가 편집의 완결이며, 독자가 편집을 완성한다.

인물 정보

기대승

기대승(奇大升 1527~1572)의 자는 명언(明彦), 호는 고봉(高峯)·존재(存齋), 본관은 행주(幸州), 시호는 문헌(文憲)이다. 주자학에 조예가 깊었다. 이황과 오랫동안 편지를 주고받으며 사단칠정(四端七情) 논쟁을 벌임으로써, 조선의 유학 사상에 큰 영향을 주었다. 기대승과 이황이 서로 왕복한 편지를 모아 편집한 것이 『양선생왕복서(兩先生往復書)』이다.

김성일

김성일(金誠一 1538~1593)의 자는 사순(士純), 호는 학봉(鶴峰), 본관은 의성(義城), 시호는 문충(文忠)이다. 안동지방의 명문가에서 태어나, 이황의 문하에서 공부했다. 학문적으로 이황을 계승하여 영남학파(嶺南學派)의 중추적인 역할을 했다. 1590년 통신부사가 되어 황윤길과 함께 일본의 실정을 살폈는데, 귀국 후 지은 『해사록(海槎錄)』은 당시의 한일(韓日) 관계를 알아보는 데 중요한 자료다. 임진왜란이 일어나자 구국활동에 앞장섰다.

김육

김육(金堉 1580~1658)의 자는 백후(伯厚), 호는 잠곡(潛谷)·회정당(晦靜堂), 본관은 청풍(淸風), 시호는 문정(文貞)이다. 성혼의 문하에서 공부했다. 30대에 잠곡으로 내려가 남의 밭에 김을 매거나 숯을 굽는 일을 했다. 이후 여러 요직을 거쳐 우의정·영의정에 올랐다. 국가재정과 농민생활 안정을 위해 대동법의 시행과 화폐의 유통을 주장했다. 『인조실록(仁祖實錄)』 편찬에 참여했다.

김종직

김종직(金宗直 1431~1492)의 자는 계온(季昷)·효관(孝盥), 호는 점필재(佔畢齋), 본관은 선산(善山), 시호는 문충(文忠)이다. 정몽주·길재의 학통을 이어받은 아버지 김숙자 밑에서 공부했다. 학문과 문장이 뛰어났고, 사림의 종장(宗匠)이 되었다. 그의 문하에서 김굉필, 정여창, 조위, 남효온, 유호인, 김일손 등의 인물이 배출되었다. 『동문수(東文粹)』『동국여지승람(東國輿地勝覽)』 편집에 참여했다. 세조의 즉위를 비판한 그의 「조의제문(弔義帝文)」이 무오사화(戊午史禍)를 불러일으켰다. 이 문제로 부관참시당하고 많은 저술도 유실되었다.

남효온

남효온(南孝溫 1454~1492)의 자는 백공(伯恭), 호는 추강거사(秋江居士)·행우(杏雨), 본관은 의령(宜寧), 시호는 문청(文淸)이다. 김종직의 문하에서 공부했다. 김굉필, 정여창, 김시습과 교유했다. 단종을 위해 절개를 지킨 생육신(生六臣) 중 한 사람이다. 단종의 복위를 꿈꾸다 죽은 박팽년·성삼문·이개·하위지·유성원·유응부에 대한 전기를 「육신전(六臣傳)」으로 남겼다. 시와 술과 음악을 가까이했고, 비판적 발언과 자유분방한 행동을 했다. 단종의 생모에 대한 그의 상소가 다시 문제가 되어 부관참시당했다.

박제가

박제가(朴齊家 1750~1805)의 자는 재선(在先)·수기(修其)·차수(次修), 호는 초정(楚亭)·위항도인(葦杭道人)·위항외사(葦杭外史)·정유(貞蕤), 본관은 밀양(密陽)이다. 박지원, 이덕무, 이서구와 교유했다. 청년 시절에는 시인으로 청나라에까지 이름을 알렸다. 서얼이라는 신분적 한계를 지닌 인물이었으나, 규장각의 검서관(檢書官)으로 발탁되어 많은 서적의 편찬에 참여했다. 4차례의 청나라 방문을 통해 선진 문물과 학문을 받아들였고, 이를 『북학의(北學議)』에 담았다.

송준길

송준길(宋浚吉 1606~1672)의 자는 명보(明甫), 호는 동춘당(同春堂), 본관은 은진(恩津), 시호는 문정(文正)이다. 송시열과 함께 김장생의 문하에서 공부했다. 장인 정경세로부터도 영향을 받았다. 송시열과 함께 노론(老論)을 이끌었다. 기존의 『소학언해(小學諺解)』의 단점을 지적하고 다시 교정할 것을 건의했다. 『어록해(語錄解)』의 교정에 참여하고 발문을 지었다.

신종호

신종호(申從濩 1456~1497)의 자는 차소(次韶), 호는 삼괴당(三魁堂), 본관은 고령(高靈)이다. 신숙주의 손자이고, 문장과 글씨가 뛰어났다. 문과에 세 차례나 장원을 했고, 사가독서(賜暇讀書)를 했다. 『여지승람(輿地勝覺)』을 정정하여 『동국여지승람(東國輿地勝覽)』으로 다시 편찬하는 데 참여했고, 『성종실록(成宗實錄)』 편찬에도 참여했다.

안정복

안정복(安鼎福 1712~1791)의 자는 백순(百順), 호는 순암(順菴)·한산병은(漢山病隱)·우이자(虞夷子)·상헌(橡軒), 본관은 광주(廣州), 시호는 문숙(文肅), 봉호는 광성군(廣成君)이다. 이익의 문하에서 공부했다. 그의 집안은 당시 정치권력에서 소외된 남인(南人)이었다. 학자로서 연구에 매진했는데, 특히 역사학에 훌륭한 업적을 남겼다. 우리나라의 역사와 지리에 대해 고증한 『동사강목(東史綱目)』을 저술했다. 이 책은 초고를 완성한 후에도 이익·윤동규 등과 의견을 교환하면서 오랫동안 수정과 보완 작업을 이어갔다.

유만주

유만주(兪晩柱 1755~1788)의 자는 백취(伯翠), 호는 통원(通園)·흠고당(欽古堂), 본관은 기계(杞溪)이다. 문장가로 이름이 높았던 유한준의 아들이다. 역사를 총망라하여 편집하고자 하는 포부가 있었다. 짧은 생애 대부분을 독서와 글쓰기로 보냈다. 1775년부터 1787년까지 13년 동안 쓴 일기를 묶은 『흠영(欽英)』을 남겼다.

유중교

유중교(柳重敎 1832~1893)의 자는 치정(穉程), 호는 성재(省齋)·존재(存齋)·수춘산인(壽春山人)·동악산인(東岳山人), 본관은 고흥(高興), 시호는 문간(文簡), 초명은 맹교(孟敎)이다. 이항로의 문하에서 공부했다. 서양 세력과 일본의 침략으로 어지러운 시대 상황에서 이항로의 위정척사론(衛正斥邪論)을 학문적으로 발전시켰다. 사회적 동요를 극복하는 방법으로 유학의 체계적인 정립을 강조했다. 화서 이항로에서 시작해 김평묵과 유중교에게 이어진 화서학파(華西學派)는 최익현을 거쳐 유인석에게 계승되었다.

윤증

윤증(尹拯 1629~1714)의 자는 인경(仁卿)·자인(子仁), 호는 명재(明齋)·유봉(酉峰), 본관은 파평(坡平), 시호는 문성(文成)이다. 병자호란 때 부모와 강화도로 피신했다가 어머니가 순절하는 슬픔을 겪었다. 아버지 윤선거를 비롯해, 김집과 송시열에게 학문을 전수받았다. 평생을 재야에서 보냈지만 소론(少論)의 영수로 추대되어 말년까지 활동했다. 아버지가 돌아가신 후 송시열이 묘지명에서 윤선거를 부정적으로 언급한 것을 계기로 송시열과 등지게 되었다.

이규경

이규경(李圭景 1788~1856)의 자는 백규(伯揆), 호는 오주(五洲)·소운거사(嘯雲居士), 본관은 전주(全州)이다. 정조가 처음 발탁한 4검서관(四檢書官) 중 한 사람이었던 이덕무의 손자이다. 아버지 이광규도 할아버지를 이어 검서관에 임명되어 규장각에서 일했다. 이규경은 이덕무의 학문과 사상을 계승하여 조선 후기 실학의 영역을 넓혔다는 평가를 받는다. 우리나라와 중국 등에서 전하는 문물·제도를 고증하고 정리한 『오주연문장전산고(五洲衍文長箋散稿)』를 남겼다.

이규보

이규보(李奎報 1168~1241)의 자는 춘경(春卿), 호는 백운거사(白雲居士)·지헌(止軒)·삼혹호선생(三酷好先生), 본관은 여주(驪州), 시호는 문순(文順), 초명은 인저(仁氐)이다. 9세 때부터 글을 잘하는 신동으로 알려졌으며, 고려시대 최씨 무인정권의 대표적인 문인이다. 몽고가 국경을 넘어왔을 때 이규보의 글에 감탄한 몽고의 왕이 병사를 잠시 거두기도 했다. 나라에 큰일이 있을 때마다 대외적인 서(書)·표(表) 등을 지었다.

이긍익

이긍익(李肯翊 1736~1806)의 자는 장경(長卿), 호는 완산(完山)·연려실(燃藜室), 본관은 전주(全州)이다. 서예가로 이름이 높았던 이광사의 아들이다. 이광사는 백부(伯父) 이진유의 반역죄에 연좌되어 20여 년간 유배되었다. 때문에 이긍익은 벼슬의 뜻을 버리고 학문에 매진했는데, 특히 역사학에 관심이 많았다. 조선 태조부터 숙종까지의 역사를 기록한 『연려실기술(燃藜室記述)』을 남겼다.

이덕무

이덕무(李德懋 1741~1793)의 자는 무관(懋官), 호는 청장관(靑莊館)·형암(炯菴)·아정(雅亭)·선귤당(蟬橘堂)·단좌헌(端坐軒)·사이재거사(四以齋居士)·주충어재(注蟲魚齋)·학상촌부(鶴上村夫)·학초목당(學草木堂)·향초원(香草園)·한죽당(寒竹堂), 본관은 전주(全州), 초자는 명숙(明叔)이다. 박학다식하고 개성이 뚜렷한 문장으로 이름이 높았다. 유득공·박제가·이서구와 공동 시집 『건연집(巾衍集)』을 내어 사가(四家)로 불렸다. 유득공·박제가·서이수와 함께 검서관(檢書官)에 발탁되어 많은 서적의 편찬에 참여했다.

이만도

이만도(李晩燾 1842~1910)의 자는 관필(觀必), 호는 향산(響山)·직재(直齋)·모암(某巖), 본관은 진성(眞城)이다. 퇴계 이황의 후손으로 태어나, 가학(家學)을 계승했다. 장인 권승하의 문하에서 공부했다. 갑오년(1894)의 개혁 조치를 비판하는 글을 올리려다가 좌절된 이후에는 은둔의 삶을 살았다. 1910년 우리나라가 일본에 강제 병탄을 당했다는 소식을 듣고 단식 끝에 순국했다.

이상정

이상정(李象靖 1711~1781)의 자는 경문(景文), 호는 대산(大山), 본관은 한산(韓山), 시호는 문경(文敬)이다. 외할아버지 이재로부터 퇴계의 학맥을 이어받았다. 『주자서절요(朱子書節要)』를 통해 이황이 주자학의 핵심을 제시했듯, 『퇴계서절요(退溪書節要)』를 통해 이상정은 퇴계 학문의 핵심을 제시했다. 이황에서 시작해 이현일, 이재에게 이어진 영남학파(嶺南學派)는 이상정을 거쳐 유치명과 송준필 등에게 계승되었다. 그의 사상은 18세기뿐만 아니라 이후 조선 성리학에 영향을 주었다.

이익

이익(李瀷 1681~1763)의 자는 자신(自新), 호는 성호(星湖), 본관은 여주(驪州)이다. 아버지의 유배지에서 막내아들로 태어났다. 둘째 형 이잠은 장희빈을 두둔하는 글을 썼다가 역적으로 몰려 죽었다. 아버지가 유배지에서 돌아가신 후 어머니와 안산으로 이사했고, 이후 안산의 성호장(星湖莊)에서 평생을 지냈다. 유형원의 학문을 계승하여 조선 후기 실학의 깊이를 더했다는 평가를 받는다. 중농사상(重農思想)에 기반을 둔 사회 개혁론을 주장했고, 천문·지리·율산·의학 등에도 능통했다. 그의 학문은 정약용과 박제가에게 영향을 주었다.

이황

이황(李滉 1501~1570)의 자는 경호(景浩), 호는 퇴계(退溪)·도산(陶山), 본관은 진보(眞寶), 시호는 문순(文純)이다. 청년 시절에는 건강을 해칠 정도로 독서에 몰두했다. 노년에는 도산서당을 짓고 독서·수양·저술에 전념하며 제자를 길러냈다. 기대승과 사단칠정(四端七情)에 대해 오랫동안 주고받은 편지에는 진리 탐구를 위해 정진하는 학자의 모습이 담겨 있다. 주자의 편지를 면밀히 연구한 『주자서절요(朱子書節要)』를 남겼다.

장유

장유(張維 1587~1638)의 자는 지국(持國), 호는 계곡(谿谷)·묵소(默所), 본관은 덕수(德水), 시호는 문충(文忠), 봉호는 신풍부원군(新豐府院君)이다. 김장생의 문하에서 공부했다. 효종비 인선왕후(仁宣王后)의 아버지이고, 이정귀·신흠·이식과 함께 조선 한문학의 4대가(四大家)로 불렸다. 박학다식했으며 천문·지리·의학·병서 등에도 능통했다. 문장뿐만 아니라 정치적으로도 인조반정(仁祖反正)에 참여한 주요 인물이었다.

정약용

정약용(丁若鏞 1762~1836)의 자는 미용(美庸)·송보(頌甫), 호는 다산(茶山)·여유당(與猶堂)·삼미(三眉)·열수(洌水)·열로(洌老)·열모(洌髦)·철마산초(鐵馬山樵)·사암(俟菴)·초계(苕溪), 본관은 나주(羅州), 시호는 문도(文度), 초자는 귀농(歸農)이다. 이익의 유고(遺稿)를 16세에 접하고 평생 사숙(私淑)했다. 정조의 두터운 신임을 얻어 여러 중책을 맡아 수행했다. 정조의 갑작스러운 붕어(崩御) 이후 천주교와 관련하여 유배되었다. 오랜 유배 기간 동안 학문과 저술에 몰두했다. 정치·경제·역사·지리·문학·철학·의학·교육학·군사학·자연과학 등에 대한 방대한 양의 저술을 남겼다.

정조

정조(正祖 1752~1800)의 휘는 산(祘), 자는 형운(亨運), 호는 홍재(弘齋)·홍우일인재(弘于一人齋)·만천명월주인옹(萬川明月主人翁), 본관은 전주(全州), 시호는 문성무열성인장효(文成武烈聖仁莊孝), 능호는 건릉(健陵), 묘호는 정종(正宗)이다. 조선의 제22대(재위 1776~1800) 왕이다. 영조의 손자이고, 사도세자의 아들이다. 정치적으로 희생된 사도세자를 '장헌세자(莊獻世子)'로 추존하는 등 아버지를 복권시키고 왕권을 확립하기 위해 노력했다. 경학·사학·문학·경제·군사·지리·법전 등 다양한 분야에 대한 해박한 지식이 있었다. 학문적 소양을 바탕으로 강력한 문화정치(文化政治)를 추구했다.

조익

조익(趙翼 1579~1655)의 자는 비경(飛卿), 호는 포저(浦渚)·존재(存齋), 본관은 풍양(豊壤), 시호는 문효(文孝)이다. 장유·최명길·이시백과 함께 사우(四友)로 불렸다. 임진왜란과 병자호란을 온몸으로 겪으면서 이에 대한 반성과 사회 개혁을 주장했다. 성리학의 대가로 예학(禮學)에 조예가 깊었다. 퇴계의 논리적 모순과 율곡의 이론적 허점을 지적했다. 특정한 당파나 학파에 속하지 않고 독자적인 견해를 과감하게 주장했다.

최한기

최한기(崔漢綺 1803~1877)의 자는 지로(芝老), 호는 기화당(氣和堂)·명남루(明南樓)·패동(浿東)·혜강(惠岡), 본관은 삭녕(朔寧)이다. 김정호, 이규경과 교유했다. 19세기에 활동한 말기 실학파이면서 동시에 진보적인 사상으로 다음 시대를 내다보았다고 평가받는다. 기(氣)를 중심으로 하는 독특한 철학 체계를 수립하여 시대의 문제를 해명하고자 했다. 그의 학문적 관심은 인문·지리·천문·의학 등 다양했다.

허균

허균(許筠 1569~1618)의 자는 단보(端甫), 호는 교산(蛟山)·성소(惺所), 본관은 양천(陽川)이다. 동인(東人)의 거두 허엽의 아들이고, 허성·허봉·허난설헌의 동생이다. 이들 4남매는 모두 문장으로 이름이 높았다. 권필, 이안눌, 조위한, 이재영, 정응운, 조찬한, 기윤헌, 임숙영과 교유했다. 평소 독서와 저술 및 시문(詩文)을 뽑아 편집하는 일을 즐겼다. 거리낌 없는 언행으로 자주 파직되었고, 끝내는 반역죄로 죽음을 맞이했다.

홍길주

홍길주(洪吉周 1786~1841)의 자는 헌중(憲仲), 호는 항해(沆瀣)·현산자(峴山子), 본관은 풍산(豊山)이다. 조선 정조 때의 문장가·경학자이다. 형은 대제학을 지낸 홍석주, 동생은 정조의 사위인 홍현주이다. 벼슬의 뜻을 버리고 저술에 매진했다. 주요 작품으로는 『현수갑고(峴首甲藁)』『서림일위(書林日緯)』『항해병함(沆瀣丙函)』『숙수념(孰遂念)』『독연암집(讀燕巖集)』『수여방필(睡餘放筆)』『수여연필(睡餘演筆)』『수여난필(睡餘瀾筆)』『수여난필속(睡餘瀾筆續)』등이 있다.

황준량

황준량(黃俊良 1517~1563)의 자는 중거(仲擧), 호는 금계(錦溪), 본관은 평해(平海)이다. 이황의 문하에서 공부했다. 문학적 재능과 학덕을 겸비하여 영남사림(嶺南士林)의 기대를 받았던 인물이었다. 황준량이 성주 목사로 재임하면서, 이황이 오랫동안 연구한 『주자서절요(朱子書節要)』를 간행했다. 스승 이황의 요청으로 『주자서절요』의 간행에 대해 기록한 「회암서절요발(晦菴書節要跋)」을 남겼다. 주희의 호가 회암이며, 존칭으로 주자(朱子)라 한다.

문헌 정보

『계곡집』

『계곡집(谿谷集)』은 장유(張維 1587~1638)의 문집이다. 박미·이명한·김상헌·이식의 서문과 저자의 「초고자서(草稿自敍)」가 실려 있다. 『계곡집』 중에서 『계곡만필(谿谷漫筆)』은 여러 가지 일에 대한 장유의 견해를 모은 것이다. 그는 탁월한 문장력으로 두 차례나 문형(文衡)이 된 인물이었다. 시를 지을 때는 첨예한 기교를 부리지 말 것[毋尖巧], 껄끄럽고 난삽하게 하지 말 것[毋滯澁], 표절하지 말 것[毋剽竊], 모방하지 말 것[毋摸擬], 의심스런 일이나 편벽된 말을 쓰지 말 것[毋使疑事僻語]을 주장했다. 산문을 지을 때는 이치를 중시할 것을 주장했다. 『계곡집』에는 문학·철학·정치사상과 천문·지리·의학·병서 등에 대한 장유의 해박한 지식이 담겨 있다.

『고봉집』

『고봉집(高峯集)』은 기대승(奇大升 1527~1572)의 문집이다. 경연(經筵)에서 강론한 내용을 모은 『논사록(論思錄)』에는 그의 정치적 이념과 식견이 드러나 있다. 『양선생왕복서(兩先生往復書)』는 기대승과 이황이 주고받은 편지를 모은 것으로, 이들의 사칠논변(四七論辯)은 성리학 발전의 토대가 되었다. 『고봉집』은 기대승의 생애와 사상뿐만 아니라 우리나라의 유학사 및 사상사를 연구하는 데 중요한 자료다.

『금계집』

『금계집(錦溪集)』은 황준량(黃俊良 1517~1563)의 문집이다. 내집(內集)과 외집(外集)으로 구성되어 있다. 내집은 손여성과 황수량이 초고를 모으고, 이황이 편집한 후 이산해의 발문을 붙여 간행되었다. 이산해는 발문에서 황준량의 시가 형식과 내용이 조화롭고 뜻이 심원(深遠)하다고 평가했다. 외집은 이후 여러 사람의 손을 거쳐 완성되었다. 「회암서절요발(晦菴書節要跋)」은 이황의 『주자서절요(朱子書節要)』를 간행한 황준량이 그 일의 전말을 기록한 것으로, 그를 퇴계학파의 중심에 자리매김하도록 만든 글이다.

『기측체의』

『기측체의(氣測體義)』는 최한기(崔漢綺 1803~1877)의 철학서이다. 34세(1836)에 『신기통(神氣通)』과 『추측록(推測錄)』을 합본하여 펴낸 것이다. 최한기는 기(氣)를 중심으로 하는 독특한 철학 체계를 수립하고자 했다. 『신기통』은 기의 체(體)를, 『추측록』은 기의 용(用)에 대해 이야기한 것이다. 최한기는 『기측체의』를 통해 우주와 자연 및 인류 역사의 운행 원리를 파악하기 위한 과학적 사고의 필요성을 강조했다.

『다산시문집』

『다산시문집(茶山詩文集)』은 정약용(丁若鏞 1762~1836)의 문집이다. 시를 통해 백성들의 고통과 사회의 모순을 신랄하게 비판했다. 편지글에는 그의 생활철학, 학문하는 자세, 문학적 견해 등이 자세히 드러나 있다. 「자찬묘지명(自撰墓誌銘)」은 환갑을 맞던 해(1822)에 자신의 일생을 기록한 것으로, 다산 연구에 필수 자료다. 정약용이 쓴 이가환, 권철신, 이기양, 오석충, 윤지범 등 신유사옥(辛酉邪獄) 때 희생된 사람들의 '묘지명' 또한 당시 사회상을 이해하는 데 중요한 글이다. 『다산시문집』에는 실학을 집대성(集大成)했다는 평가를 받는 정약용의 다양한 성과가 담겨 있다.

『대산집』

『대산집(大山集)』은 이상정(李象靖 1711~1781)의 문집이다. 이기(理氣)·사단칠정(四端七情)에 대한 학문적 논의를 나눈 편지글이 많다. 선배나 친구와 의견을 교환하고 제자의 질문에 답변한 것으로, 퇴계의 성리학을 계승하고 발전시킨 이상정의 면모가 드러나 있다. 『대산집』에는 균형과 조화를 중시하는 이상정의 학문적 태도가 담겨 있다.

『동국이상국집』

『동국이상국집(東國李相國集)』은 이규보(李奎報 1168~1241)의 문집이다. 고려시대의 대표적인 문인이었던 이규보의 다양한 글이 실려 있다. 그중에서 가장 주목받는 것은 26세 (1193)에 지은 「동명왕편(東明王篇)」이다. 고구려의 건국시조 동명왕의 일대기를 읊은 작품으로, 1백 41운(韻) 2백 82구(句) 1천4백 10언(言)의 장편 서사시(敍事詩)이다. 『동국이상국집』은 고려시대의 문학을 연구하는 데 귀중한 자료다.

『동춘당집』

『동춘당집(同春堂集)』은 송준길(宋浚吉 1606~1672)의 문집이다. 숙종의 명에 따라 자손과 제자들이 초고를 모으고, 송시열이 교열한 후 교서관에서 간행되었다. 송준길은 예송논쟁(禮訟論爭)에서 끝까지 노론(老論)의 입장을 견지하면서 허목과 윤휴, 윤선도 등 남인(南人) 세력의 비판을 방어하는 이론가의 역할을 했다. 『동춘당집』에는 기호학파(畿湖學派)의 입장을 계승한 송준길의 학문과 정치사상이 담겨 있다.

『명재유고』

『명재유고(明齋遺稿)』는 윤증(尹拯 1629~1714)의 문집이다. 소론(少論)의 영수였던 윤증의 정치적 위상과 학문적 업적이 드러나 있다. 『명재집(明齋集)』이 아닌 『명재유고(明齋遺稿)』라는 명칭은 완벽한 문집을 완성하는 것에 대한 아쉬움과 의지를 함께 담은 것이라고 할 수 있다. 윤증은 사후에 여러 번 삭탈관직을 당했는데, 유고의 편집 과정에서 생긴 우여곡절 또한 이러한 정치적 상황과 관련이 있다. 『명재유고』는 18세기 조선의 정치사상을 연구하는 데 중요한 자료다.

『성소부부고』

『성소부부고(惺所覆瓿藁)』는 허균(許筠 1569~1618)의 문집이다. 생전에 원고를 직접 정리해둔 것으로 보이지만, 반역죄로 처형당하여 당시에는 간행되지 못했다. 짧은 편지인 척독(尺牘)을 일반 서신과 구분해 별도의 항목으로 둔 점이 특이하다. 『성옹지소록(惺翁識小錄)』 『성수시화(惺叟詩話)』 『도문대작(屠門大嚼)』 등이 실려 있다. 4,000여 책들 중 은둔에 대한 내용을 발췌한 『한정록(閒情錄)』은 허균의 방대한 독서량을 보여준다. 『성소부부고』에는 진보적 혁명가이자 뛰어난 문장가였던 허균의 사상과 문학적 재능이 담겨 있다.

『성재집』

『성재집(省齋集)』은 유중교(柳重敎 1832~1893)의 문집이다. 이항로, 김평묵과 철학적 논의를 나눈 편지글이 많다. 유중교는 서신을 통해 이항로에게 성리학을 이어받고, 김평묵과는 심설(心說)에 대한 논쟁을 벌였다. 『성재집』에는 당시의 사회 문제를 해결하기 위해 노력했던 유중교의 학문과 사상이 담겨 있다. 19세기 이후 서양 문물의 유입과 일본의 침략이라는 상황에 놓인 조선을 이해하는 데 유용한 자료다.

『성호전집』

『성호전집(星湖全集)』은 이익(李瀷 1681~1763)의 문집이다. 저자의 글은 조카 이병휴가 수집하고 정리했다. 「맹자질서(孟子疾書)」를 비롯하여 『대학(大學)』 『소학(小學)』 『논어(論語)』 『중용(中庸)』 『근사록(近思錄)』 『심경(心經)』 『역경(易經)』 『서경(書經)』 『시경(詩經)』 『가례(家禮)』에 대한 '질서'가 실려 있다. '질서(疾書)'란 독서와 사색을 통해 얻은 깨달음을 '재빨리 써둔다'는 뜻이다. 많은 서신과 잡저는 오늘날의 논문·논설과 비슷한 것으로 이익의 학문적 폭과 깊이를 보여준다. 100여 편의 '제발(題跋)'은 이익의 광범위한 독서 이력을 말해준다.

『속동문선』
『동문선(東文選)』은 삼국시대부터 조선시대까지의 우수한 작품을 뽑아 편집한 것으로 정(正)·속(續) 두 편이 있다. 각지의 사고(史庫)에 국가의 귀중한 문헌들과 함께 수장되었다. 『동문선(東文選)』은 성종 9년(1478)에 서거정, 양성지 등이 만들었다. 『속동문선(續東文選)』은 중종 13년(1518)에 신용개 등이 『동문선』 편찬 이후에 지어진 시문(詩文)을 추가해 완성한 것이다. 『동문선』과 『속동문선』을 통해 오랫동안 이어져온 우리나라의 시문에 대한 관심과 자긍심을 읽을 수 있다.

『수여난필속』
『수여난필속(睡餘瀾筆續)』은 홍길주(洪吉周 1786~1841)의 글 모음집이다. 『수여방필(睡餘放筆)』『수여연필(睡餘演筆)』『수여난필(睡餘瀾筆)』『수여난필속(睡餘瀾筆續)』 4부작 중 하나다. 저자는 『수여방필』『수여연필』『수여난필』이 완성되고 난 후에도 글을 계속 써서 글상자에 모아두었다. 홍길주가 죽자 아들 홍우건이 아버지의 글을 정리하면서, 따로 제목을 붙이지 않고 『수여난필』 뒤에 붙여 『수여난필속』이라고 했다.

『수여연필』
『수여연필(睡餘演筆)』은 홍길주(洪吉周 1786~1841)의 글 모음집이다. 50세(1835)에 쓴 글이다. 『수여방필(睡餘放筆)』『수여연필(睡餘演筆)』『수여난필(睡餘瀾筆)』『수여난필속(睡餘瀾筆續)』 4부작 중 하나다. 홍길주는 『수여연필』의 첫머리에서 글로 옛사람을 능가(凌駕)하기는 어렵지만 생각을 정리하고 기록하는 것은 의미 있는 일이라고 했다. 독서와 글쓰기, 정치와 풍속 등에 대한 홍길주의 견해와 통찰을 읽을 수 있다.

『순암집』

『순암집(順庵集)』은 안정복(安鼎福 1712~1791)의 문집이다. 『동사강목(東史綱目)』을 집필하면서 역사에 대해 의견을 교환한 편지를 모은 「동사문답(東史問答)」, 안정복이 자신의 생각과 말을 기록한 「상헌수필(橡軒隨筆)」, 젊은 학자들이 천주교에 매료되는 것을 우려해 지은 「천학고(天學考)」 「천학문답(天學問答)」, 토지제도에 대해 연구한 「정전설(井田說)」 등 역사·사물·사상·제도에 대한 글이 실려 있다. 『순암집』은 조선 후기의 인문학을 연구하는 데 중요한 자료다.

『연려실기술』

『연려실기술(燃藜室記述)』은 이긍익(李肯翊 1736~1806)의 야사집(野史集)이다. 조선시대의 역사를 기사본말체로 엮은 사서(史書)이다. 기사본말체(紀事本末體)는 중요 사건별로 항목을 세워 역사를 기록하는 방식이다. 사건 없이 각 조항마다 반드시 그 출처를 밝히는 실증사학(實證史學)의 태도를 취했다. 400여 종의 야사·일기·문집을 인용하면서 정비된 체계, 편리한 열람, 객관적 서술을 추구했다. 조선시대의 사서(史書) 중에서 매우 뛰어난 역사서라는 평가를 받는다.

『오주연문장전산고』

『오주연문장전산고(五洲衍文長箋散稿)』는 이규경(李圭景 1788~1856)의 글 모음집이다. 우리나라와 중국 등의 문물·제도에 대한 연혁과 내용을 기록한 일종의 백과사전이다. 그 항목 수가 1,400여 항에 달한다. 천문·역법·수리·역사·지리·경제·문학 등에 대한 다양한 내용이 수록되어 있다. 『오주연문장전산고』는 편집이 불완전한 단점에도 불구하고, 조선 후기 실학의 실사구시(實事求是) 정신을 반영했다는 평가를 받는 소중한 자료다.

『잠곡유고』

『잠곡유고(潛谷遺稿)』는 김육(金堉 1580~1658)의 문집이다. 대동법의 시행, 새로운 역법(曆法)의 시행, 수레의 사용, 수차(水車)의 이용, 화폐의 유통 등 경제 정책에 대한 김육의 진보적인 주장이 담긴 글이 많다. 『잠곡유고』에는 '백성에게 이롭고 국가에도 득이 되는 것'에 대해 고심했던 김육의 사상과 정책이 드러나 있다. 17세기 조선의 사회사 및 경제사를 연구하는 데 중요한 자료다.

『점필재집』

『점필재집(佔畢齋集)』은 김종직(金宗直 1431~1492)의 문집이다. 역사적 장소나 풍속을 시(詩)의 소재로 쓰고 있어서 지방 문화를 연구하는 데 좋은 자료다. 「이준록(彝尊錄)」은 아버지 김숙자에 대한 기록을 정리한 것이다. 「발송도록(跋松都錄)」 「여지승람발(輿地勝覽跋)」 「경상도지도지(慶尙道地圖誌)」 「선산지도지(善山地圖誌)」 등은 당시의 국토에 대한 인식이 드러나 있다. 『점필재집』은 조선 전기의 사상·문학·역사·지리 등을 연구하는 데 귀중한 자료다.

『정유각집』

『정유각집(貞蕤閣集)』은 박제가(朴齊家 1750~1805)의 문집이다. 이덕무의 서문과 청인(淸人) 반정균과 이조원의 서문이 있다. 그의 문학에 대한 견해를 알 수 있는 「시학론(詩學論)」, 평생 동안 우정을 쌓았던 이덕무의 초상을 보고 쓴 「이덕무상찬(李懋官像贊)」 등이 실려 있다. 박제가는 시인으로 이름이 높았고, 4차례의 청나라 방문을 통해 선진 문물과 학문을 받아들인 인물이었다. 『정유각집』에는 북학파(北學派)였던 박제가의 문학과 사상이 담겨 있다.

『조선왕조실록』

『조선왕조실록(朝鮮王朝實錄)』은 조선의 역사적 사실을 연대순으로 기록한 사서(史書)이다. 원문이 4,809만여 자에 이르는 기록물로, 인류 역사상 단일 왕조의 역사서로서는 가장 규모가 크다. 1997년에 유네스코 세계기록유산(世界記錄遺産)으로 지정되었다. 행정·법제·군사·외교 등 국정의 주요 사안을 비롯하여 천문·예악·자연재해·풍속 등에 이르기까지 다양한 분야를 다루고 있다. 『조선왕조실록』은 조선시대를 연구하는 데 핵심적인 자료다.

『청장관전서』

『청장관전서(青莊館全書)』는 이덕무(李德懋 1741~1793)의 문집이다. 청년 시절에 지은 시문(詩文), 편찬에 대한 일을 기록한 「편서잡고(編書雜稿)」, 선비·부녀자·아동이 일상생활에서 지켜야 할 예절을 기록한 「사소절(士小節)」, 귀로 듣고 눈으로 보고 입으로 말하고 마음으로 생각한 것을 기록한 「이목구심서(耳目口心書)」, 옛날부터 있었던 일에 대해 고증하고 변증한 것을 모은 「앙엽기(盎葉記)」 등이 실려 있다. 문집 전체가 전해지지 않고 결본(缺本)이 있다.

『추강집』

『추강집(秋江集)』은 남효온(南孝溫 1454~1492)의 문집이다. 시는 대부분 정치적 좌절에 따른 유랑생활로 기행시(紀行詩)가 많다. 스승 김종직과 지기(知己) 김굉필, 정여창, 김시습, 이종준, 안응세 등의 언행과 문장을 기록한 「사우명행록(師友名行錄)」, 사육신(死六臣)의 전기를 기록한 「육신전(六臣傳)」, 남효온의 철학과 사상이 담겨 있는 「심론(心論)」「성론(性論)」「명론(命論)」「귀신론(鬼神論)」 등이 실려 있다. 「냉화(冷話)」는 직접 보고 들은 일화(逸話)를 기록한 것으로 『추강냉화(秋江冷話)』라고도 불린다. 『추강집』에는 생육신(生六臣) 남효온의 기개와 절의가 드러나 있다.

『퇴계집』

『퇴계집(退溪集)』은 이황(李滉 1501~1570)의 문집이다. 기대승과 사단칠정(四端七情)에 대해 주고받은 편지 등 제자들과 철학적 논의를 나눈 서신이 많다. 「무진육조소(戊辰六條疏)」는 68세(1568)의 노신(老臣)으로서 나이 어린 선조(宣祖) 임금의 장래를 근심하는 상소문이다. 「성학십도(聖學十圖)」를 선조에게 올리며 쓴 「진성학십도차(進聖學十圖箚)」는 성리학의 진수를 보여준다는 평가를 받는다. 『연보(年譜)』와 『언행록(言行錄)』은 이황의 사상과 인간상을 연구하는 데 중요한 자료다.

『포저집』

『포저집(浦渚集)』은 조익(趙翼 1579~1655)의 문집이다. 저자는 임진왜란과 병자호란 등의 국난을 평생에 걸쳐 겪은 인물이었다. 병자호란이 일어난 해(1636) 12월부터 다음 해 3월까지의 일을 기록한 「병정기사(丙丁記事)」가 실려 있다. 대동법의 시행, 군정(軍政)의 개혁 등에 대한 상소문이 수록되어 있다. 「지경도설(持敬圖說)」과 「심학종방(心學宗方)」에서는 그가 학문의 근본으로 삼았던 지경(持敬)과 존심(存心)을 살펴볼 수 있다. 『포저집』에는 조익의 개혁 사상과 독창적인 경서 해석이 담겨 있다.

『학봉전집』

『학봉전집(鶴峯全集)』은 김성일(金誠一 1538~1593)의 문집이다. 이황의 수제자로 성리학에 조예가 깊었던 김성일의 면모가 드러나 있다. 『해사록(海槎錄)』은 1590년 통신부사가 되어 황윤길과 함께 일본의 실정을 살피고 돌아와 지은 것이다. 『학봉전집』에는 임진왜란 당시 경상도초유사(慶尙道招諭使)·경상도관찰사(慶尙道觀察使) 등을 역임했던 김성일의 사상과 구국활동이 담겨 있다. 임진왜란의 안팎을 이해하는 데 중요한 자료다.

『향산집』

『향산집(響山集)』은 이만도(李晩燾 1842~1910)의 문집이다. 시(詩)에는 지인들의 죽음에 대한 애도, 기울어가는 국운에 대한 염려와 울분이 드러나 있다. 갑오년(1894)에 쓴 「의상봉사(擬上封事)」는 청일전쟁 이후 일본의 내정 간섭을 비판하는 글이다. 오적(五賊)의 참수를 청하는 「청참오적소(請斬五賊疏)」는 을사늑약(乙巳勒約)에 대한 조정의 잘못된 조처를 지적하는 상소문이다. 『향산집』에는 이만도의 우국충정(憂國衷情)이 담겨 있다.

『홍재전서』

『홍재전서(弘齋全書)』는 정조대왕(正祖大王 1752~1800)의 문집이다. 정조의 개인 문집으로 규장각에서 편찬했다. 27명의 조선 왕 중에서 개인 문집을 낸 것은 정조가 유일하다. 세손(世孫) 시절 지은 시부터 1800년까지 남긴 글을 분류하고 편집한 것으로, 여러 차례의 정리 작업을 거쳐 1814년에 184권 100책의 활자본으로 간행되었다. 「군서표기(羣書標記)」, 「서인(序引)」 등을 통해 당시에 편찬된 수많은 서적에 관한 정보를 얻을 수 있다. 18세기 후반 정조의 치세(治世) 시기는 '조선시대의 문예 부흥기'로 평가받는다. 『홍재전서』에는 강력한 문화정치(文化政治)를 추구했던 정조의 학문적 소양과 정치적 사상이 담겨 있다.

『흠영』

『흠영(欽英)』은 유만주(兪晩柱 1755~1788)의 일기 모음집이다. 1775년부터 1787년까지 13년 동안 쓴 일기를 편집한 것이다. 유만주는 자신의 주변뿐만 아니라 나라 안팎의 여러 일에도 관심이 많은 인물이었다. 일기에서 다루고 있는 것은 자신의 시문(詩文), 독서한 책의 내용, 박지원에 대한 평가, 문단의 동향, 집안 대소사 등 광범위했다. 당시의 시대 상황과 일상생활이 자세히 기록되어 있어 18세기 조선의 사회·경제·문화사 연구에 소중한 자료다.